I0146974

DÉPÔT LÉGAL
1877

PERRAUD

ET SON ŒUVRE

$In \frac{2^n}{29791}$

DOLE. — IMPRIMERIE BLUZET-GUINIER.

L. Sorenne sc.

Perroud

J. Vienne

BIBLIOTHÈQUE

FERRAUD

ET

PERRAUD

STATUAIRE

ET SON OEUVRE

— SOUVENIRS INTIMES —

PAR

MAX CLAUDET

STATUAIRE

PARIS

LIBRAIRIE SANDOZ ET FISCHBACHER

33, RUE DE SEINE, 33

1877

Tous droits réservés.

A Madame LAMBERT-PERRAUD

— HOMMAGE —

« — Ma sœur est l'âme
de la maison ! »

PERRAUD.

A la mort de Perraud, je fis, pour la *Senti-nelle du Jura*, deux articles biographiques, qui parurent plus tard en brochure.

J'en envoyai à presque tous les amis et admirateurs du grand artiste, les priant de n'en prendre que le côté curieux et de me pardonner le style peu littéraire, n'étant pas écrivain moi-même.

Je reçus la lettre suivante de *Champfleury* :

« La fenêtre que vous avez ouverte sur la vie de Perraud, les luttes de l'homme avec la nécessité, ses lettres, me le montrent tout à coup sous un jour qui n'est pas celui de l'Institut. L'homme est bien de vos montagnes et son récit de la conversation qu'il eut avec Courbet témoigne un esprit du correct, mais à qui la vitalité ne fait pas peur.

« Votre brochure, cher Monsieur, nous apprend plus sur l'artiste, que dix éloges académiques et elle m'intéressait tellement que je

I

tournais les feuilles à regret, sachant que j'arriverais trop tôt à la fin. »

Plus de soixante lettres qui m'arrivèrent, toutes dans le même ordre d'idées me firent croire que j'avais touché juste. Je réédite cette brochure en volume, en donnant beaucoup plus de détails et des nouvelles lettres de Perraud.

J'espère ainsi intéresser le lecteur, en faisant encore mieux connaître cet homme de cœur et de grand talent, qui est une des gloires de la France.

Je me suis rappelé ce qu'il m'écrivait au sujet d'une petite biographie que j'avais faite de lui en 1869, pour la *Sentinelle du Jura*, au moment où le jury lui décernait la médaille d'honneur à l'Exposition universelle. Voici sa lettre :

« Mais est-ce donc moi qui vous ai raconté ces enfantillages, ou les avez-vous recueillis à Salins ? comme qu'il en soit, ça m'a fait rire de les lire en lettres moulées, comme on dit là-bas. Je veux même, quoique indigne, vous faire mon sincère compliment de la façon dont vous avez dit cette petite légende, avec un naturel charmant. Puisque vous avez du talent dans ce genre, et que vous ne serez jamais occupé du o uci de gagner votre pain, je vous engage bien à profiter de tout ce qui se présentera à vous pour le cultiver, vous vous procurerez par là de vives jouissances, ne le feriez-vous que comme dilettanti.

« Les faiseurs de biographies qui n'y voient souvent pas plus loin que leur nez, sont à peu de choses près de la même farine. Ils ont pour défaut de faire des sujets dont ils s'occupent, une spécialité si idiote, qu'ils se ressemblent à peu près tous, comme des pruniers faits tout exprès pour porter des prunes. De ceux-ci, il y en a assurément, c'est le plus grand nombre, aussi sont-ils faciles à reconnaître à leur marque de fabrique. »

Le lecteur verra que j'ai fait tout mon possible pour lui montrer Perraud sous son côté vrai, comme il désirait être connu.

Salins, mars 1877.

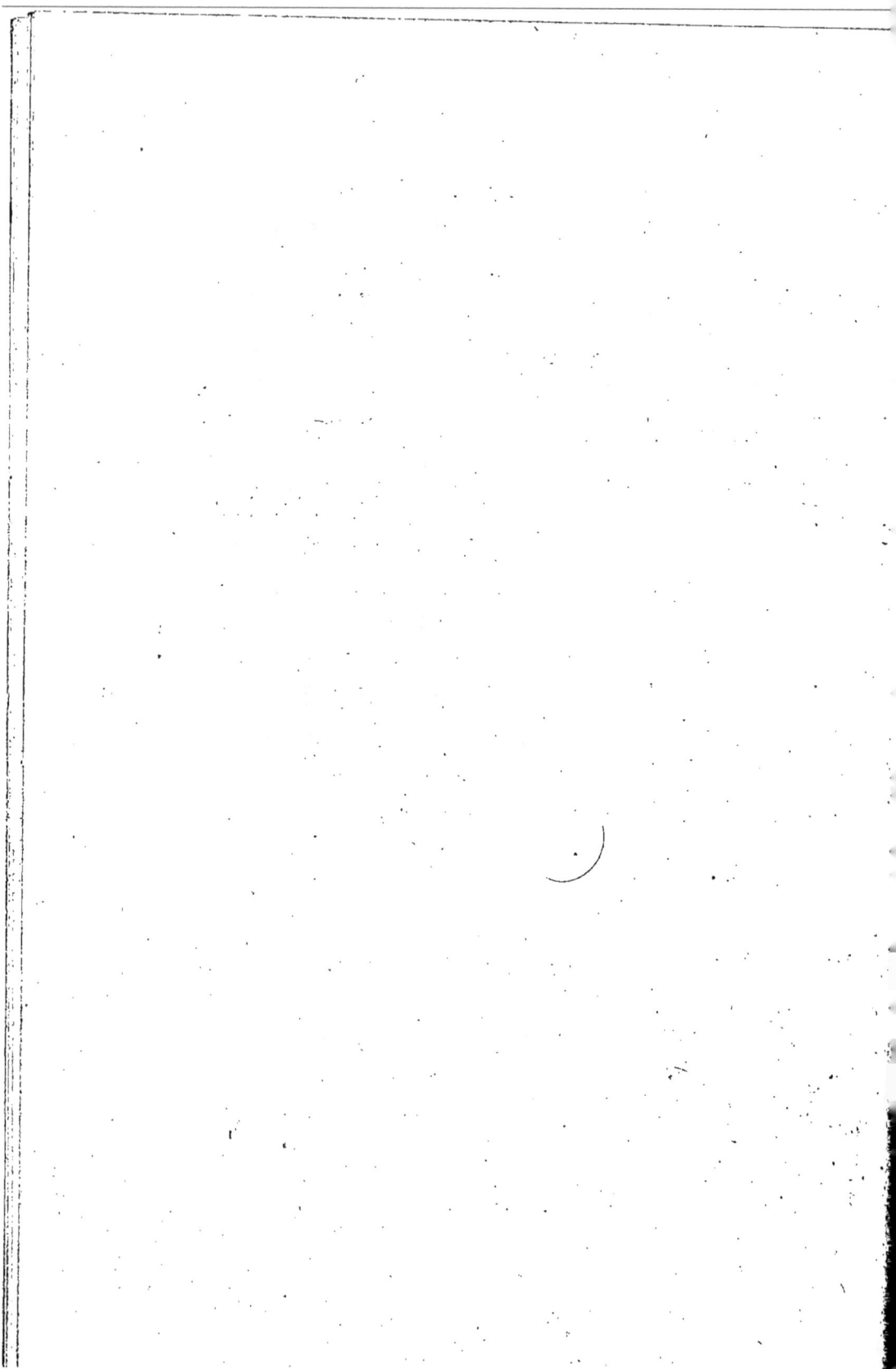

JOSEPH PERRAUD

Monay est un petit village de 350 habitants (du canton de Sellières, Jura) patrie du général Romme.

Le village est bien situé, entre deux coteaux, au pied d'une montagne environnée des ruines d'un vieux château-fort. Les maisons construites en pierres et couvertes en tuiles et en chaume, rappellent la Bresse.

Dans une de ces masures, habitaient un nommé *Jean-Pierre Perraud*, marié à *Madeleine Coutin* et ses quatre enfants, trois filles et un garçon. Cette famille était bien pauvre et leur état de vigneron ne rapportait pas grand chose.

Le garçon se nommait Joseph Perraud, né le 26 avril 1819.

Il était d'une nature chétive et souffreteuse.

Pour bien faire connaître son enfance, laissons-lui la parole :

« ....J'ai été, relativement à mon entourage, une intelligence précoce. J'en juge encore aujourd'hui par comparaison des enfants que je vois autour de moi. Mais vous ne sauriez jamais vous imaginer ce que c'est que de vivre dans une atmosphère où il n'y a rien de vivifiant, pas un atôme qui peut réveiller la moindre intelligence, pas un autre livre que les heures paroissiales en latin, que personne n'entend, et pour conversation, cette inquiétude incessante de trouver le moyen de se procurer le pain de la veille pour le lendemain. Etre toujours au vent, froid ou chaud, sec ou humide, chargé souvent comme des ânes ; l'imagination ne va pas plus loin que le but où l'on versera sa hotte. Combien j'ai envié le sort des collégiens de Poligny, qui passaient près de moi en bandes dans leur promenade ! Avec quelle ardeur je courais sur la route, pendant que mes bêtes étaient dans les blés, pour voir passer des dragons et entendre un coup de trompette, ce qui me valait un procès-verbal en rentrant, par le garde-champêtre, — une roulée par tous les

membres de la famille par-dessus. Si l'on m'a-
vait pris pour être curé, j'aurais été enchanté;
médecin ou autre chose, je ne portais pas mes
vues si haut. Enfin, comme nous sommes dans
un siècle de progrès, un nouveau maître d'école
eut l'idée d'ajouter aux heures paroissiales, des
petits livres où il y avait 25 métiers dont le
nom commençait par une des lettres de l'al-
phabet, avec une planche en regard, représentant
l'artisan à l'œuvre. Pour moi qui distrayais
la classe par des *mounins* de ma façon, ce fut
une révélation. Ce livre venait de chez Prudont,
libraire à Dole; j'imaginais que c'était là que ça
se faisait, j'étais anxieux d'y aller et de demander
si l'on voulait me prendre pour apprenti (naïf).
Quelques-uns disaient à mon père de me faire
peintre. « Oui, disait-il, ça lui irait bien; il est
déjà assez gueux. » Enfin, tout cela se passa en
conversation et ce fut tout, naturellement. Un
capitaine d'Arbois, marié à Monay, trouvant
que les paysans n'apportaient pas tous les soins
requis pour soigner la vigne, prit un domestique
qui était à la ferme d'Arèle. Il était natif de
St-Thiébaud, frère de second lit avec la femme
du père Auvernois; son plus jeune frère y était

déjà en apprentissage. Ce domestique vint faire
sa cour à ma sœur, et au bout de peu de temps
l'épousa. Le jeune frère apprenti vint à la noce
à Monay, me parla de ce qu'il faisait et je n'eus
plus de cesse que de le rejoindre, si le père
Auvernois le voulait bien. J'eus une peine infinie
à obtenir que mon père me laissât partir; il
y consentit à la fin, mais il n'en augurait rien
de bon. Il se doutait si peu de ce que cela pouvait être que, lorsqu'on lui demandait quel état
j'étais allé apprendre à Salins : — *ébéniste* —
répondait-il. Il y en a qui croient encore que je
suis *ébéniste.* Je vous ai dit jusqu'à quel point
on peut rester dans les limbes de l'ignorance,
même avec de l'esprit naturel. Mon père, qui
en avait et qui était venu me voir à Salins, où
nous avions causé de mon départ de Lyon pour
Paris, et des espérances lointaines que je nour-
rissais en moi, eh bien ! je m'en souviendrai
toujours, il m'écrivit à Paris au bout de deux ou
trois ans que j'y étais, au moment où je me
morfondais de travail et d'inquiétude, où je
faisais des efforts surnaturels pour dégager la
lumière du chaos, où enfin j'avais l'œil fixé sur
l'avenir si rempli de chances terrifiantes, il m'é-

crivait, dis-je, que si j'allais à Rouen ou à Bordeaux pour faire mon tour de France, que je veuille bien lui envoyer les pantalons que j'avais de trop ! moi qui remettais par économie trois pièces au fond les unes sur les autres. »

. . . . , ...

« C'est dur, allez, quand on rage, et qu'il faut tout puiser en soi, où jamais une âme de près ou de loin ne vous crie : Allons, du courage ! repose-toi, demain l'énergie reviendra, ne te trouble pas, tout se rassérénera. Mon département ne m'a pas envoyé du tout avec une pension à Paris. Ce sont les autres camarades qui en avaient qui m'ont fait venir à l'idée d'en demander une aussi. Je suis resté à Paris une année et demie, gagnant ma vie comme je pouvais et la première fois que le Conseil général m'a voté quelque chose, il m'a voté 500 fr. et les années suivantes 800, dont près de 500 passaient à couvrir les frais des loges pour les concours de Rome. Vous voyez que ni parent, ni nul autre individu ne m'ont jamais tendu la perche. Du reste, c'est amusant de faire tout soi-

même et de n'avoir de suggestions de personne. »

On fit le paquet de Joseph âgé de quinze ou
seize ans et il partit à pied, portant une paire
de souliers neufs à la main, pour ne pas les user.
Arrivé à la porte de Salins, il les chaussa et
entra en ville. C'était un jour de fête. Arrivé
chez le père Auvernois, il ne trouva personne,
il se promena le reste de la journée dans les
rues ; le soir arrivé, il retourna chez son futur
patron qui le reçut avec assez d'indifférence.

Le père Auvernois était un vieux sculpteur,
haut de trois pieds, avec une tête énorme ; marié
pour la seconde fois à une jeune femme, il passait sa vie à faire des saints d'église, des orne-
ments, et à redorer des cadres. Il demeurait
dans un vieux couvent triste et sombre ; ces longs
corridors, ces chambres voûtées n'étaient pas
faits pour donner de la gaîté.

Le père Auvernois était un homme qui,
sous une enveloppe grossière, était rempli de
cœur, s'enthousiasmait facilement, se fâchait de
même, entêté comme un vieux romain ; vous

allez en juger. Un jour, étant à une noce, après dîner, comme chacun s'exerçait à faire des tours de force, il dit à un convive : « Je vais me coucher par terre, et je parie que personne ne peut me soulever par les oreilles. » Il ne fait ni un ni deux; il se couche : « Allons, qui veut essayer? » Un grand gaillard s'avance, le prend par les oreilles et tire. Un convive pousse un cri, les oreilles venaient, mais sans le père Auvernois. On le pansa, on essuya le sang. « *Tout de même,* disait-il à Perraud, *ils n'ont pu me soulever.* »

Joseph fut bientôt l'enfant de la famille, le père Auvernois ne fit plus attention à ses autres *apprentis*; il ne parla bientôt plus que par *Jouset* qui, malgré cela, le faisait souvent enrager en lui rappelant en riant « un ange de chaire à prêcher, à qui il avait fait deux pieds gauches et des mains! il n'aurait pas eu besoin de se baisser pour lacer ses brodequins. »

Tout le temps que resta Perraud dans ce vieux et sombre couvent de la *Visitation*, atelier du père Auvernois, il travailla fort; car il fallait que tout le monde fît bouillir la marmite : on n'était pas riche.

Le dimanche, il allait se promener avec un jeune tailleur boiteux nommé *Fèvre* ; ils s'arrêtaient devant les églises, et, assis sur le bord d'un mur, ils regardaient les fidèles sortir de la messe.

— C'est nous qui avons fait cet habit, lui disait le tailleur, en lui montrant du doigt un fashionable ; encore ce pantalon et ce gilet.

Les dimanches de pluie, *Jouset* faisait les correspondances amoureuses des filles du quartier, ce qui lui valait un sou par lettre.

Il avait encore, en fait de connaissances, le père Carteron, qui appelait souvent *Jouset* pour manger des gaudes, mets qu'il soignait d'une façon particulière. C'était un vieux type franc-comtois, tenace dans ses idées et ses volontés ; pour preuve, il apprit tout seul le latin dans un dictionnaire. Intelligence remplie de goût, écrivant des lettres charmantes, au dire de M. Magnin qui le connaissait et correspondait avec lui ; il était d'une adresse rare ; il était horloger, mécanicien, luthier, tourneur et fabricant de pieds de roi.

Quelquefois, cette vie laborieuse chez le père Auvernois était troublée par des discussions avec son élève. Ils étaient aussi entêtés l'un que l'autre. Le père Auvernois, en vrai franc-comtois, ne voyait rien au-dessus de son village qui lui représentait la plus belle ville du monde. Il n'eût pas fallu le mettre en comparaison avec Monay, car il avait lui aussi, Perraud, l'amour du sol natal ; on s'échauffait, on criait, on se boudait et le lendemain on n'en parlait plus. Pourtant, un jour, l'orage éclata plus fort que d'habitude, et le vieux sculpteur mit à la porte son élève qui se trouva sur le pavé sans un sou vaillant. Le père Carteron, en vieil ami, lui donna dix sous pour faire le voyage et Perraud partit à pied pour Pontarlier : c'était en 1839. Grande fut la douleur du père Auvernois, quand la colère fut passée, de n'avoir plus son *Jouset*, qui, malgré l'aventure, lui a toujours gardé bon souvenir, ainsi qu'à la mère Auvernois, qu'il ne manquait jamais d'aller voir, quand il revenait à Salins, et à qui il laissait toujours un petit souvenir.

Le père Auvernois était mort quelques années après son départ, et elle vivait, comme elle vit encore, en travaillant.

Je possède une relique de l'époque où Perraud était apprenti. C'est une vierge en bois, faite par lui, voici son histoire, que me conta un jour Perraud.

« Un jour, le père Auvernois, satisfait de mon travail en tous points, me dit : Voilà un travail de fini et pour vous récompenser, vous allez faire une vierge, *bougre !* pareille à celle que vous avez cachée et que j'ai cherchée par toute la maison pendant plus de six mois, *bougre !* Vous la ferez plus grande de trois pieds, venez chercher le *plot.* « Je commençai donc cette vierge ; une fois qu'elle fut ébauchée, les mains très avancées (pour moi, dans ce temps là), il vint de la besogne d'Arbois, un grand ornement d'une porte, ou approchant, je n'ai pas su à quoi cela pouvait servir. Comme c'était de l'argent à recevoir pour la maison, sitôt l'ouvrage fait, je quittai la vierge qui était un travail pour dormir et je me mis à la besogne. C'est, je crois, lorsque la besogne de cet ornement fut finie, et raffutant les goûges pour me remettre à la vierge, qu'a éclaté l'orage providentiel pour moi, qui m'a lancé où il n'était que temps d'arriver pour m'acheminer où m'appelait ma destinée. »

Je retrouvai aussi, il y a quelques années, chez M. Blondel, un médaillon du père Carteron que Perraud lui avait fait, je le lui écrivis. Perraud me demanda de lui en faire mouler un exemplaire qu'on voyait pendu chez lui dans sa chambre. Il était content de retrouver un ancien ami.

Arrivé à Pontarlier, Perraud travailla quelque temps chez un ébéniste. En apprenant, par un camarade, nommé Maillard, qu'il pourrait trouver de l'ouvrage à Lyon, il partit et parvint à y gagner assez bien sa vie, car il était devenu habile chez le père Auvernois.

En entendant causer ses camarades, il lui prit envie d'aller, comme eux, travailler à l'école des Beaux-Arts. Il fut admis au concours gratuit de l'académie et y obtint le premier prix. Entendant parler par des italiens, de Paris, du prix de Rome, il n'eut plus d'autre idée en tête et il partit.

Il entra, non sans peine, dans l'atelier de
MM. Ramey et *Dumont*, et gagna sa vie, comme
il nous l'a dit plus haut : *comme il put.*

Il concourut pour Rome, il échoua; se piqua
des réprimandes un peu vertes de ses maîtres et
l'année suivante (1847), il obtint à *l'unanimité*
le grand prix de Rome pour son bas-relief de
*Télémaque, portant à Phalante les cendres de
son frère Hippias.*

Horace Vernet lui dit en le félicitant : *C'est
bien, mais nous attendons encore mieux de
vous.* Il avait deviné Perraud.

Le jeune artiste séjourna à Rome, à la villa
Médicis, cinq ans, et visita toute l'Italie. Il envoya la première année, le bas-relief des *Adieux*,
une copie du *Discobole*, laquelle se trouve dans
l'école des Beaux-Arts, et la cinquième année
son *Adam.*

— Ce que j'ai trouvé de plus beau, à mon retour de Rome, c'est le bas-relief de *Rude* et le
danseur de Duret, — me disait-il.

En 1855, il obtint, pour son *Adam*, une médaille de première classe à l'Exposition universelle. Le marbre de l'*Adam* est dans le jardin

de Fontainebleau. Quand reviendra-t-il au Louvre?

Au Salon de 1857, le plâtre de sa *Galatée* lui valut la Croix de Chevalier de la Légion d'honneur et un rappel de médaille.

En 1861, il exposa le plâtre de son *Désespéré*, avec cette légende :

Ahi, null altro de pianto che mendo duro.

Il exécuta, vers la même époque, deux statues pour la cour du nouveau Louvre: *Mansárd* et *Lalande.*

Nous voici arrivés au moment où Perraud se posa en maître. La statue de l'*Enfance de Bacchus* (le Faune) apparut au salon de 1863; il n'y eut qu'un cri d'admiration; la médaille d'honneur lui fut décernée.

Le *Faune* est assis, les jambes croisées, les bras élevés, tenant le jeune *Bacchus* qui lui tire l'oreille et veut le frapper de son thyrse qu'il tient de la main droite. Il rit, le vieux faune, en cherchant à maintenir le bambin. C'est d'une élégance rare ; de quelque côté qu'on regarde le groupe, il est charmant, l'exécution dépasse tellement toutes les œuvres modernes, qu'une critique de détail serait puérile et pédante.

C'est un morceau de sculpture digne des plus beaux jours de la Grèce. Le marbre est au musée de Luxembourg. Un bronze appartient encore aux héritiers et le plâtre est au musée de Lons-le-Saunier.

La réduction l'a rendu populaire.

Quand j'entre au Luxembourg, dans cette salle étroite où les sculptures modernes sont entassées, je ne manque jamais de faire le tour du *Faune*, et je me rappelle ce que me disait un jour Perraud au Louvre, devant le *Gladiateur* : *Je viens de parcourir la peinture ; il n'y a encore de vrai et de grand que la sculpture.*

A la mort du brave général Cler, Perraud proposa à la ville de Salins d'exécuter gratis sa statue. (*C'est la seule demande que j'aie jamais faite,* me disait-il.) On connaît cette œuvre, inaugurée à Salins en 1865. Il est regrettable qu'on n'ait pas voulu suivre les avis du statuaire, on aurait eu un piédestal moins ridicule que l'actuel; mais que voulez-vous ? Il y a toujours en province des gens qui savent tout faire.

Dans le même temps, il exécuta aussi une

statue pour le Chili. Vous trouverez sans doute que cette commande venait de loin, et que Poligny aurait eu moins de chemin à faire pour lui confier la statue du général Travot. Vieil adage, toujours neuf, on n'est pas prophète dans son pays. Perraud fut vivement peiné qu'on eût donné la préférence à un autre artiste. « *Moi*, disait-il, *qui suis presque de Poligny ! Quand les gens de Monay viendront au marché, ils liront un nom inconnu sur le piédestal de la statue, et ils se diront : Pourtant, nous avions Perraud.* »

Une place se trouvait vacante à l'Institut, Perraud fut présenté ; sur plusieurs concurrents, il obtint le second rang ; quelque temps après, la mort de Nanteuil laissa une autre place vacante qui lui fut donnée en 1865.

Ces années furent les plus belles de Perraud, il était arrivé à l'apogée de son talent et de sa réputation.

Au mois de mai de 1866, je travaillais dans son atelier où il voulait bien me donner des conseils en véritable ami ; nous passions une partie de la journée à causer du pays, des anciens amis ; je lui annonçai un jour Buchon, qu'il estimait beaucoup pour son talent si original ; il me disait de lui :

« Je me délecte à lire la littérature locale franc-comtoise que Buchon a eu l'amabilité de m'envoyer. J'en connaissais déjà une grande partie, et il faut dire que cela a une infinité de variantes selon les localités. Il faut s'être trouvé en pays ennemi, comme je m'y suis trouvé pour la triste affaire de Rome, pour se douter jusqu'à quel point on peut idolâtrer son pays ; de même rien n'est plus doux que d'entendre l'écho des bois et des montagnes où l'on a été bercé. Marcou m'a apporté les *nouvelles* de Buchon. Dieu ! que le *Matachin* m'a amusé. Sacré Josillon, comme il aurait dit. »

Je rapporterai deux anecdotes qui m'arrivèrent et que je racontai à Perraud, sans y donner une autre importance que celle de lui dire comme j'avais passé la soirée ou la journée. Comme les acteurs sont devenus des personnages historiques, je vais les donner ; cela intéressera peut-être le lecteur, sans trop déroger à mon sujet.

Il était minuit, on nous avait mis à la porte de la brasserie ; nous descendions, Courbet et moi, la rue Richelieu. Le peintre d'Ornans fumait sa pipe. Arrivés devant le café de l'*Univers* qui ne ferme qu'à une heure du matin, Courbet me proposa de prendre une quinzième chope. Nous entrâmes, un peu malgré moi, et nous nous installâmes au premier, dans l'angle d'une grande salle basse ; nous nous assîmes près d'un monsieur qui lisait, et qui tendit la main à Courbet, en le voyant entrer : tenez, lui dit-il, en lui donnant le journal, on parle de vous décorer et de vous donner la grande médaille.

Je ne sais si j'accepterais, répondit Courbet, faisant le dédaigneux et se rengorgeant dans sa barbe assyrienne (au fond, il était ravi.) Je sais bien qu'il n'y a que mes tableaux au salon, ça les écrase, que diable veulent-ils donc ? quand il y a un grand peintre dans un siècle, il y en a assez.

Le monsieur l'écoutait sans sourciller, mais sans trop avoir l'air de couper dans toutes les bourdes du vantard franc-comtois : il fumait sa pipe. C'était un jeune homme d'une trentaine d'années, à la barbe et aux cheveux noirs, aux traits accentués, seulement, par moment, il louchait fortement, ce qui était désagréable.

Il écoutait, à demi couché sur la banquette, Courbet qui continuait à éreinter ses collègues au profit de sa peinture.

Les idéalistes, disait le peintre, en voilà des imbéciles ! ils font des anges, en avez-vous vu des anges ! C'est comme *Baudelaire* qui me disait, il y a un moment : il n'y a pas de réaliste ici, je pense. Et moi, lui ai-je répondu, pour qui me prenez-vous ?

Le monsieur souriait, mais sans répondre.

Une heure du matin approchait, les garçons allaient, venaient, remuaient les chaises : Courbet continuait toujours : à la fin, ils éteignirent les becs de gaz et nous donnèrent une bougie. Courbet parlait toujours de lui ; puis, on nous pria de partir, je n'en étais pas fâché.

Courbet demeurait rue Hautefeuille, moi rue St-Benoit, le monsieur qni demeurait du même côté que nous, nous dit : je vais vous reconduire.

Nous voilà partis, nous cheminions lentement, en tournant le Louvre pour prendre le Pont des Arts.

Courbet avait rallumé sa pipe et parlait des paysagistes. Croyez-vous, disait-il avec son bel accent franc-comtois, que j'en connais un de paysagiste qui ne peut peindre quand il fait du vent ; les peupliers remuent et ils riraient de son gros rire, elle est bonne celle là, les peupliers remuent, ah ! ah ! ah !

Enfin nous arrivâmes devant chez lui, nous lui donnâmes une poignée de main et, s'adressant au monsieur, il lui dit : Bonsoir, *Gambetta !*

Nous avions tous rendez-vous à la gare Saint-Lazare, à 1 heure de l'après-midi, je m'y trouvai un des premiers avec Buchon. Champfleury arriva, accompagné de Castagnary et de Courbet, lequel avait amené avec lui un tout jeune homme à lunettes, armé d'un grand parapluie ; il nous le présenta, en nous le nommant : Monsieur Vermorel.

Nous descendîmes à la station de Chatou, et nous nous rendîmes à pied jusqu'à Bougival. Courbet arrivé là, trouva qu'on dînerait mieux dans une auberge qui se trouvait à moitié chemin de Bougival et de Chatou, sur le bord de la Seine, en face la charmante île de Croissy. Nous voilà repartis, longeant le bord de l'eau, par un petit chemin frayé dans l'herbe verte. Courbet parlait de lui et de la peinture. Arrivés à l'hôtellerie, le peintre d'Ornans commanda le dîner, et l'on se mit à table.

Voilà qu'au milieu du festin, entre Gambetta, accompagné d'une canotière et de deux individus d'assez triste mine.

« Ce sont de ses amis, » dit Courbet occupé à découper un morceau de bifteck.

« Ou de ses clients, » ajouta Champfleury.

Le futur ministre de la guerre vint causer un moment avec nous et retourna, dans la salle voisine, retrouver sa canotière et ses deux compagnons.

Le dîner fut gai, Courbet raconta des histoires franc-comtoises assez drôles ; aussi la soirée se passa vite, avec de pareils convives, et, à la nuit, nous regagnâmes le chemin de fer qui nous ramena à Paris.

Pour bien finir la journée, on alla s'installer à la brasserie où l'on trouva l'avocat Chaudet, qui nous soutint, avec sa verve habituelle, que les artistes étaient tous des imbéciles et ne savaient pas même s'arranger en corporation comme les cordonniers. Il avait pour antagoniste Vermorel, aussi bavard que lui. Courbet rageait de ne pouvoir parler de sa peinture et Buchon passait sa main sur ses moustaches comme il avait l'habitude de faire, quand il était fatigué d'une discussion.

Ce dîner est curieux par la réunion d'êtres aussi divers, qui devaient bientôt se trouver opposés les uns aux autres. Hélas ! que de sombres jours devaient passer entre ces convives, si gais et si drôles !

Si, comme dans ce dîner qui précéda la révolution de 89, il se fût trouvé un nouveau Casote pour se lever et nous dire, tout à coup, en désignant un des convives : « Vous, Chaudet, vous serez fusillé par vos partisans à vous Vermorel, et vous même, vous mourrez de mort violente sur une barricade, tout cela au milieu de Paris en sang et des monuments en feu, aux applaudissements de cent mille allemands. Quant à Courbet, la colonne lui troublera la tête, il n'y verra que des gros sous, il la renversera et puis après, il passera au conseil de guerre et il ira vivre tristement en un exil volontaire, en disant presque adieu aux arts. Cet avocat Marseillais, il sera un jour ministre de la guerre et il luttera en vain contre l'étranger sans pouvoir le rejeter du sol de la patrie, et puis pour sortir de Paris bloqué, après la chute de l'empire, il sera obligé de partir en ballon, et vous, Buchon, si fort, si robuste et toujours prêt à chanter de vieux Noëls franc-comtois, vous ne verrez pas tout cela, vous serez mort le premier ! »

Eh bien ! vrai, si l'on nous avait fait une pareille prédiction, ce jour-là, le dîner aurait fini moins gaiement, et Courbet se serait donné une indigestion.

En 1867, dans cette grande lutte industrielle et artistique de toutes les nations, le *Faune* soutint l'honneur de la sculpture française contre toutes les œuvres étrangères. Le jury international décerna à *l'unanimité*, à son auteur, une grande médaille d'honneur. En même temps, Perraud fut nommé officier de la Légion d'honneur, et chargé d'exécuter au Palais-de-justice la statue de la *Justice*, et deux *cariatides* pour la bibliothèque impériale.

Pendant l'année 1868, il travailla à finir son groupe colossal de l'Opéra, — *le Drame lyrique* — et il commença la terre d'un groupe pour le jardin du Luxembourg. Il exposa cette année le bronze de son *Faune* et un superbe buste en bronze du musicien *Berlioz*. Puis il termina deux statues de guerriers pour la place du Carrousel.

A l'ouverture du salon de 1868, il m'écrivait la lettre suivante :

« Je vous ai parlé dn salon tout à l'heure comme un homme qui désespère; si c'est du salon, oui, on marche comme des troupeaux d'aveugles; si c'est de l'art, il ne faut jamais désespérer, les belles et bonnes choses auront toujours de fervents et de fidèles adorateurs, j'en suis si convaincu que, la nuit, dans mes insomnies, je désire voir arriver le jour; il me prend des frayeurs de me sentir vieillir et devenir podagre; j'ai envie de faire, d'occuper ma place, de prendre une revanche de tant d'indifférence; j'ai des marbres à limer, j'ai encore des projets à exécuter ; j'ai des javelles éparses par ci par là, il faut que je pense à rassembler tout cela pour faire ma gerbe. Lefranc travaille toujours avec moi, mais il me quitte de temps en temps, quand quelqu'un le demande pour un coup de main ; j'ai besoin d'avoir quelqu'un autour de moi, j'ai besoin d'être un peu gêné, je perds volontiers du temps à batifoler, en oubliant parfaitement les terreurs de la nuit. De voir travailler, cela fait honte et vous donne l'envie d'en faire autant. A mon âge, je devrais avoir une quinzaine de patriciens comme les Italiens; mais ici on ne fait absolument que de la pierre. — Ouvrages uniformément mal payés et encore plus mal faits si c'est possible ; la pierre qui doit pourrir vite n'excite pas le courage, on ne cherche qu'à s'en débarrasser le plus promptement possible.

« Pourtant ne nous décourageons pas, travaillons! travaillons toujours ! c'est le seul moyen de se rassainir l'esprit et ne pas se laisser glisser dans ce pernicieux état moral de désenchantement sceptique qui annihile toutes les facultés morales et physiques en nous.

« Ce que j'aimerais bien, ce serait de subir

un bain d'air de printemps dans nos contrées.
Y a-t-il longtemps que je n'ai vu pareil spectacle !
On sort bien quelquefois par ci par là, mais si
l'on ne se dirige un peu loin, on ne trouve
partout que des morceaux de papier qui volti-
gent de tous côtés. »

Etait-ce Courbet qui le faisait désespérer du
Salon ? écoutez ce qu'il disait du maître peintre
d'Ornans :

« ..... Nous nous sommes amusés à flaner en
regardant quelques toiles dressées contre les
murs, de celles qui ne passent pas au jury ; j'en
ai vu une de Courbet. C'est un gueux qui passe
sur la route. Il y a une espèce de paysage : une
louve, espèce de femme, la poitrine ouverte,
donnant le sein à un nourrisson perdu dans les
guenilles, est blottie derrière une poignée de
paille et une vieille loque, le tout calfeutrant le
buisson de la route. En entendant venir quelqu'un, un petit morveux, nu-pieds, pantalon
froncé à la ceinture, laisse passer un *torche-
pinceau* par la fente de derrière et tend la main
au grand gueux qui lui donne une pièce de
monnaie. Entre ce groupe et la femme accroupie,
au regard féroce, est un sale chien de berger,

au poil hérissé, qui grogne après le vieux.
Tout ce qui est humain est odieux. Ces humains
ont l'air d'être en bois, en noyer blanc, que
l'on aurait voulu brunir avec du brou de noix.
L'attitude de tout ce monde est fantastique.
Seulement cette scène se passe dans une atmosphère, une lumière si extraordinaire, que les
tableaux qui sont autour, sont opaques comme
de la gomme laque. Quel sentiment de peinture
a cet homme! mais quel parti en tire-t-il? de
quoi se composera son œuvre? de l'œuvre d'un
beau début qui promet toujours et qui ne tien-
dra jamais plus.

« La semaine dernière, la pluie nous a surpris au café au moment de sortir, j'étais sur la
porte du Luxembourg; Courbet s'est trouvé là,
nous nous sommes donné une poignée de mains,
nous avons parlé de vous et la conversation a
tourné naturellement sur sa peinture et sur le
fantôme à faire peur aux oiseaux comme vous
avez si bien trouvé. Il m'a dit que Buchon lui
avait écrit dans le temps, que je vous en avais
parlé dans une de mes lettres, où je vous en fais
des éloges. — C'est vrai, lui ai-je répondu. —
Il n'a pas trop fait le dégoûté; au lieu de me

prendre pour un pharmacien, je crois, Dieu me pardonne, qu'il m'a dit que j'avais du talent et que je me connaissais en bonne chose. — N'allez-vous pas bientôt pêcher des écrevisses dans la *Loue*? — Oh! non, pas encore, je vais enlever mon mendiant de l'exposition pour l'exposer chez M. X.; mais je parie bien qu'il n'y restera pas un jour entier; il y aura tant de monde pour voir ça qu'on ne pourra plus passer sur le boulevard; la police profitera de ça pour le faire enlever, sous prétexte que je gêne la circulation; je la connais bien, je sais bien où elle en veut venir... »

Perraud m'écrivait sur la fin de 1868 :

« Je me suis mis à retaper sur mon marbre (*Orphée*), dans l'intention d'en finir une bonne fois et d'en débarrasser l'atelier. Ça m'amuse, parce que je m'aperçois que je le réchauffe et qu'il prend de la souplesse......

« J'ai l'intention de le terminer pour l'année prochaine. Je viens de mettre quelqu'un pour les cheveux qui m'ennuieraient à faire, après je mettrai un autre homme pour faire les dessous et certaines autres choses. Il faut que je termine et mette à exécution mes projets qui traînent partout dans la poussière. Je mettrai enfin au net mon bagage, ma santé aidant. *J'ai encore une quinzaine d'années à travailler*, il faut savoir les employer. »

L'année 1869 devait être pour lui un triomphe. Le marbre d'*Orphée* parut au Salon. Le succès en fut immense. Aussi la grande médaille lui fut donnée pour la seconde fois. Il y avait longtemps qu'un pareil morceau de sculpture n'avait été vu.

Orphée est assis au bord de la mer dont les flots viennent mourir à ses pieds, la tête penchée, les mains croisées, pensant à sa chère Eurydice perdue pour toujours ; c'est la douleur, non pas larmoyante, grimaçante, — c'est le désespoir de l'âme. Dans cette œuvre, Perraud avait donné tout son génie. Que pouvait-on encore lui demander ?

A cette même exposition, il avait aussi une *Ste-Geneviève* qui ne fut pas assez remarquée. Voici ce qu'il m'écrivait à ce sujet :

« Mon bonhomme et ma sainte sont à l'exposition ; on s'occupe de mon bonhomme qui n'est cependant pas facile à voir ; il est dans l'ombre. *Je n'ai jamais reçu d'aussi beaux compliments.* »

Il n'en était pas plus fier malgré sa nouvelle récompense. Jugez :

« .... Je vous ai dit ce que je pensais de cet honneur. Je m'en trouve un peu gêné, parce que je ne devrais plus être d'aucun concours ; cependant mes confrères n'ont pas trop à m'en vouloir, car je n'étais pas du jury, pour cette récompense exceptionnelle.

Un de nos riches financiers offrit à Perraud 14,000 francs de son *Orphée*, il préféra le vendre au Gouvernement pour la somme de 12,000 francs.

Cette œuvre qui lui avait donné tant de peine, tant de soucis, coûté tant de dépenses matérielles, lui rapporta net *douze cents francs* !

Le marbre de l'*Orphée* est au Luxembourg, le plâtre au musée de Lons-le-Saunier, et les réductions vont le rendre populaire.

Un matin que je travaillais seul dans l'atelier de Perraud, un individu entra brusquement, sans frapper.

— Où est Perraud, me dit-il.

Je me retournai et je vis un personnage grand, au visage sec et accentué, à la bouche pincée, le corps enveloppé dans un grand pardessus d'été. A sa manière peu polie d'entrer et de parler, je lui répondis sèchement :

— M. Perraud est sorti.

— Où est-il ?

— Il déjeune.

— Dans quel endroit ?

— Je ne sais pas.

— Comment vous ne savez pas ?

— Non.

— Cela est étonnant, son élève, je trouve la chose drôle.

— Si vous le prenez sur ce ton-là, oui, je sais où il déjeune. Perraud désire être tranquille au moins un moment ; si vous voulez lui parler, revenez dans deux heures.

— Décidément, vous ne voulez pas me dire où il déjeune ?

— Non !

L'inconnu partit, la porte se referma brusquement et je l'entendis murmurer quelque chose.

— Bon voyage, lui criai-je, et allez au diable !

Je continuai à travailler, en me disant : en voilà un qui est poli et que j'ai bien fait d'envoyer promener ; aurait-il ennuyé Perraud pendant son déjeuner !

Un moment après, Perraud rentra et me dit en riant : il paraît que vous avez bien reçu *Beulé*, je viens de le rencontrer.

J'allai un jour à l'exposition avec Perraud et About. Fatigués, nous étions assis sur le divan du grand Salon, tout-à-coup nous vîmes le monde se diriger du côté du balcon.

— C'est le bœuf gras ou l'empereur, dit About, sans se déranger.

J'allai voir, c'était ce dernier qui justement faisait le tour de la statue du *Désespéré*.

Pour le prix de cent mille francs donné en 1869 par l'empereur, le jury porta Perraud pour un des concurrents. Ce fut l'architecte Duc qui l'obtint.

« Je croyais plus de chance à Garnier. Voilà comment on sait encourager les arts, » m'écrivait Perraud, et il continuait : « Carpeaux a fait défaire nos baraques de l'Opéra pour montrer son groupe à la commission du prix de l'empereur. Fondait-il des espérances là-dessus? Peut-être. Ç'a été en tout cas un four. Jouffroy, Guillaume et moi, sommes à peu près chose de même farine. Pour un rien, je donnerais ma démission et j'irais vivre de mes modiques revenus, caché dans un coin comme un capitaine en retraite. J'ai horreur de ce que je fais. Je n'ose me montrer sur cette place pour regarder ce travail qui me semble d'une froideur et d'un poncif convenu, écœurant. La sarabande échevelée de Carpeaux fait tout pâlir ce qui l'entoure, sans profit pour elle-même, car c'est d'une ébriété, d'une intempérance presque obscène et d'un imperturbable aplomb qui me fait douter de ma façon d'être et d'avoir des sympathies pour ça. Il me semble que je n'ai jamais été et que je ne serai jamais qu'un vieux ramolli, sans foi et sans croyance en rien. Je m'ennuie, je n'ai plus de goût au travail, je m'occupe sans feu, sans espoir, ni illusion aucune. N'allez pas croire, je vous en prie, que ces impressions sont le produit d'une déception. Non, réellement,

avec la connaissance philosophique que j'ai des
hommes et des choses, croyez bien que je ne me
suis pas pris superstitieusement à une espérance
aussi illusoire et jamais je n'ai rêvé que je me
réveillerais riche un jour. Ce que j'ai peut suf-
fire à mon bonheur. Mais, que voulez-vous ?
la nature est ainsi faite d'être appréhensive,
d'avoir des harpies imaginaires qui empoison-
nent tout ce que je touche. La moindre petite
créature vivante que l'on sentirait vagir autour
de soi, vous guérirait de tous ces fantastiques
diables noirs avec tous ces millions d'enfers.
J'oublie, en vous causant comme à un camarade,
que vous avez la moitié de mon âge et que, fort
heureusement, vous devez être peu expérimenté
sur cette question qui est une maladie d'esprit
solitaire.

6 et 7 juillet 1869.

Vous avez vu dans les journaux, ou entendu
parler que tous ces ateliers, avec les immenses
provisions de bois, des petites voitures de la Compagnie impériale, autrement dite des fiacres,
qui occupaient l'espace du terrain de la rue

Notre-Dame-des-Champs-Stanislas, jusque
derrière notre logement, boulevard Montparnasse, tout a été brûlé dans une nuit. Le feu a
pris au pied d'une grande cheminée, à cinquante
pas de nos fenêtres. Ce n'était pas un incendie,
c'était le bouquet monstrueux d'un immense
feu d'artifice ; rien ne peut donner une idée de
cet enfer épouvantable, j'ai cru que tout y allait
passer, atelier et logement, et, finalement, j'en
ai été quitte pour la peur. Il n'y a pas eu un
danger extrême du côté du logement, c'est par
là qu'on a attaqué ; mais pour l'atelier, il n'a
tenu que nous ne fussions brûlés qu'à ce que
ce grand hangar à trois étages, plein de voitures
vernies qui séchaient, n'a pas résisté debout
longtemps et que tout s'est effondré l'un sur l'autre ; le mur d'enceinte du chantier nous a un
peu protégés. Tout notre mur de façade est noir
de brûlure : le plâtre est cuit ; l'enseigne, la petite porte d'entrée, les volets ; la peinture a
bouilli et a été flambée à plusieurs reprises ; la
moitié du sycomore qui est à côté de la porte
d'atelier est grillée du côté de la rue d'où venaient les flammes. Dans l'attente de voir anéan-
tir les traces de ma vie entière, je me sentais une

barre de fer dans l'estomac et suis resté sans mot dire près d'une heure à côté d'Esther affolée, j'en ai été si commotionné que, pendant les deux nuits suivantes, il ne m'a pas été possible de fermer l'œil.

Que je vous raconte un drôle de dîner que nous avons fait en 1868. En avons-nous ri souvent avec Perraud :

X... occupait à Paris une belle position, ayant 15.000 fr. d'appointements, officier de la Légion d'honneur, c'était ce qu'on appelle un gros bonnet.

J'allai le voir, j'avais envoyé son buste à l'Exposition.

— Ah ! vous voilà, me dit-il, vous viendrez dîner ce soir avec moi, je vais vous donner une lettre pour M. Perraud, il sera assez aimable pour être des nôtres, je serai enchanté de trouver ce motif pour faire sa connaissance.

J'assurai à X... que la lettre était inutile, que j'inviterais Perraud de sa part et que j'étais sûr qu'il viendrait, car il aimait beaucoup les Salinois.

A 6 heures, nous sortîmes de l'atelier ; Perraud me dit : Où est le rendez-vous ?

— Au Palais-Royal, répondis-je.

— Il va nous faire dîner à trente-cinq sous.

— Vous voulez rire ; un grand personnage comme cela, qui a de l'argent plein ses poches et qui invite un membre de l'Institut !

X... nous attendait, il avait un paletot vert-noisette de mauvais augure. La présentation faite, il nous dit : allons dîner. Nous le suivîmes. Je le vis se diriger du côté d'un restaurant à quarante sous. Perraud me regarda, en souriant.

Il faisait chaud, la salle était remplie de monde. On nous fit monter au deuxième et on nous installa près d'une fenêtre. Le soleil donnait en plein sur les jalousies et nous zébrait le visage. Vous savez ce que c'est qu'un dîner à quarante sous, à Paris, au Palais-Royal.

Pour extra, notre prodigue avait fait venir un siphon d'eau de Seltz.

Il faisait chaud, mais j'avais encore plus chaud pour Perraud.

— Mangez donc, lui disait X... vous avez encore *droit* à un plat, n'est-ce pas qu'on est bien ici, le patron est d'Arbois.

Arrivé au dessert, nous tirions la langue comme des chiens qui n'ont rien bu depuis quinze jours. Le prodigue regarda les bouteilles, elles étaient vides : voulez-vous du Champagne, M. Perraud ? — Oh non ! — Vous avez raison, vous préférez prendre le café. Si vous avez encore soif, tenez, il y a encore de l'eau de Seltz.

Il paya le dîner, en donnant deux sous au garçon et nous descendîmes au café de la Rotonde.

— Fumez-vous, M. Perraud ?

— Oui, mais j'ai des cigares dans ma poche.

— Allons bon, donnez-en à Claudet.

Le café pris, notre prodigue se leva et nous dit : j'ai affaire et je suis obligé de vous quitter, à une autre fois, et il nous planta là.

— Avez-vous beaucoup de compatriotes comme celui-là ? me dit Perraud en riant,

En 1870, on ne le vit pas paraître au Salon. Ne croyez pas qu'il se reposait, il finissait son groupe du Luxembourg qui fut moulé au mois de juin. En juillet, il partit accompagné de sa charmante femme pour lui montrer le Jura, son pays natal. Il resta quelque temps à Monay, chez ses parents, puis vint à Salins.

Il m'écrivait à ce moment :

« . . . . . . Que de changements à Salins, seulement depuis le commencement de ses bains ! Que de monde déjà radicalement guéri, mis en réserve pour grossir un jour les mondes de la voie lactée ! Tout passe ; même *Poupet* et *Corne à bœuf* passeront avec le temps. J'ai vu de Monay la fumée de l'incendie de Salins ; on trouvait, dans le territoire, des fragments de papiers brûlés que la force de l'incendie faisait monter dans l'air et que le vent poussait à l'aventure. J'ai vu ensuite la garde nationale de 1830, dont les plumets des grenadiers rasaient les réverbères, les artilleurs, traînant à la bricole une pièce de quatre. de la Barbarine à Saint-Anatoile; c'étaient des processions, des pèlerinages d'une autre sorte.

« . . . . . . Je trouvais cela superbe. On racontait des histoires que j'écoutais, l'oreille tendue, les yeux écarquillés (et ils l'étaient pour vrai), et je croyais que tout cela était arrivé.

Mais rentré dans le cloître, sous l'atmosphère du père Auvernois, qui chantait les vêpres, je me consolais de mes ennuis par sa promesse de me faire faire une vierge de telle dimension, avec tel *plot* de tilleul, qui était en réserve. Toutes les joies sont égales à la situation où l'on se trouve. J'en étais aussi transporté et même davantage que des plus belles récompenses qu'on puisse recevoir. Lorsque, le jour venu, il s'agissait d'aller chercher ce *plot*, de le mettre sur le banc, je tournais autour comme un cavalier autour d'un beau cheval, et comme les enfants pauvres auxquels on donne une meringue ; je n'osais pas y toucher, de crainte d'avoir trop tôt fini. Mais si d'aventure il passait à Salins quelques malheureuses cigales, avec une harpe, guitare, violon, chantant une chanson romantique sur la place du Gouvernement, comme j'ai entendu : *Terre chérie d'Italie !* ou mieux encore : *Belle Florence ! j'accours vers toi,...* je rentrais transporté dans ce cabinet infect, sans air, inondé d'amour, de poésie, qui m'enivrait pendant six mois de toutes les illusions imaginables ; mon imagination s'enflammait sur la personne qui m'était le plus en vue, et lui prêtait toutes les grâces, tous les charmes les plus adorables, sans m'en rendre compte. Le dimanche sous le porche de l'église, mon idéale du moment venait-elle à passer, pour prendre de l'eau bénite, je ne retrouvais que ce que Psyché vit quand elle voulut allumer la lampe pour considérer l'Amour qu'elle croyait avoir à ses côtés. Ce pauvre Salins que j'aime tant, où mes premières aspirations ont pris un si grand développement, nous en parlons souvent avec Esther ; nous nous rappelons quand nous passions devant l'hôpital, où l'on voyait ces sales détritus traîner dans la rivière, les tripes accrochées et flottantes au fil de l'eau ; ces montées, ces recoins biscornus de Saint-Nicolas, l'Angone nauséabonde, ce pont, ces marchands de tripes, foies, ventrailles, têtes de moutons, gras-double, et pardessus tout ma payse, la femme du vieux boucher Gaspard P... qui me disait : « Ah ! mon Dieu ! ce que c'est de 'nous, comme tu es devenu vieux ! Nous avions hâte de repasser sous cette voûte de l'Hôtel-de-ville pour sortir de cet infâme *ghetto*, où l'on parquait les juifs au moyen âge. »

20 août.

Nos désastres commençaient, la bataille de Reischoffen venait d'être perdue et l'armée allemande marchait sur Paris. J'étais entré dans une batterie d'artillerie casernée dans les forts de Salins, quand Perraud y vint passer quelques jours, ce fut à peine si je pus le voir : du matin au soir, nous étions retenus au fort ; que de fois, du haut des remparts, je le vis avec ma lunette, aller se promener avéc sa femme et quelques amis.

Le dimanche, j'étais plus libre ; nous le passions à la maison, c'est à un souper qu'on nous apporta la nouvelle de la catastrophe de Sedan.

Ils retournèrent à Monay ; nous échangeâmes plusieurs lettres pendant la guerre. Voici celles de Perraud, elles sont intéressantes :

Monay, 21 novembre 1870.

« Par le temps qu'il fait, mon cher Claudet, je me donne le plaisir de vous écrire dans le simple but de causer un peu avec vous. Je ne vous parlerai guère de cette grosse question actuelle qui préoccupe toute l'Europe et les hommes de cœur français, si anxieusement; on est déjà assez malheureux d'avoir la manie enracinée de croire qu'un chef de gouvernement est indispensable à la question sociale de notre pays. Les uns voudraient en ce moment une représentation nationale de préférence à n'importe quelle dictature si démocratique qu'elle puisse être, comme notre compatriote, Grévy; les autres, au contraire auraient voulu se constituer en comité de salut public et limiter toutes discussions dans un nombre restreint de représentants de la commune pour agir énergiquement, au besoin impitoyablement, sauver le pays malgré lui, et faire comme on dit : aux grands maux les grands remèdes.

« Dans l'état de souffrance et d'impatience que nous éprouvons, nous sommes volontiers pour les moyens les plus radicaux. Le gouvernement l'a si bien senti, malgré la répression de l'émeute de l'Hôtel-de-ville, qu'il a fait plus de besogne depuis ce court espace de temps qu'il n'en avait fait en deux mois auparavant. Si, depuis la capitulation de Sedan, une commission énergique, sans craindre de perdre sa popularité, eût frappé d'impôts d'une somme égale aux impôts ordinaires, la France se serait trouvée armée depuis plus de six semaines et l'ennemi n'aurait ni imposé les villes ni ravagé la moitié de la France. Aujourd'hui, toute la question est à Paris : pourra-t-on le ravitailler en faisant une trouée? aurons-nous le temps de pouvoir le faire? Ce serait une grande victoire pour nous. Dans les appréhensions que j'ai de voir tomber Paris aux mains des Prussiens, il m'est doux de me faire illusion et de croire que la fortune n'a pas complétement rompu avec nous pour rester constamment avec ces brutaux de Prussiens et qu'elle reviendra rire au milieu de la gaieté française. J'attends et j'espère. Je suis là le matin en attendant le soir et le soir en attendant le lendemain qui est aussi monotone et dénué d'intérêt que la veille. Je suis désœuvré, sans goût de rien, n'ayant âme qui vive à qui parler pour trouver à loger une idée ou la recevoir. Je n'ai rien, absolument rien à lire, j'ai retrouvé deux ou trois volumes de Balzac que j'y ai laissés dans le temps, je les ai relus, mais qu'ils sont peu de saison par le temps qui

court ! ça me fait l'effet de cantharides quand
on meurt de faim. J'ai aussi trouvé, où je couche, une histoire de Louis XVII, y compris
l'histoire de la Révolution jusqu'en 1795, époque
de la mort du Dauphin, racontée avec bien du
talent au point de vue du trône et de l'autel,
avec beaucoup de documents nouveaux et des
témoignages oculaires, qui ne manquent pas
d'intérêt, en sachant lire entre les lignes d'une
adoration perpétuelle de la royauté légitime,
qui n'a de comparable, que la passion de J.-C.,
pour un dévôt accompli du 13me siècle. Il y a
encore l'histoire du Consulat et de l'Empire, de
Thiers, mais tout ça me dégoûte. Les fanati-
ques et martyrs de l'idée révolutionnaire qui
ont causé tant d'effroi, qui ont mis tant d'âmes
en transe, et fait tant souffrir, qui ont souffert
à leur tour et qui sont morts pour leur foi, de
mort violente au pied de leur monument idéal
et parfois fantastique, inachevé. Puis ce brouillard de conquêtes de l'Empire, plein d'éclabous-
sures de sang humain ; ses misères avec ses
hécatombes sur tous les champs de l'Europe,
pour sentir à quel point de vue tout cela
était fait en dehors des intérêts de la France, de

voir à quoi tout cela nous a conduits et mesurer
le précipice où nous nous trouvons plongés aujourd'hui, je me sens dégoûté de tout ce que
j'ai le plus aimé. Tout me semble des contes à
la hauteur de la mère l'Oie pour le profit des
cuistres. Il n'y a que l'idée révolutionnaire,
l'idée sociale qui me sourit encore ; malgré
l'inextricable chaos où elle se débat.

« Je suis de l'espèce des marmottes, des ani-
maux engourdis, et je voudrais même l'être
davantage pour ne me réveiller qu'à Pâques.

« Je n'ai aucune nouvelle particulière de
Paris, si ce n'est d'un voisin du carré qui a eu
l'obligeance de m'écrire par un ballon. Sa lettre
était du 20 octobre ; il était plein d'espoir dans
la résistance de Paris, mais il est républicain
enragé, et, à l'instar de bien du monde, il se pourrait bien qu'il vît les choses comme il désirerait
qu'elles fussent en réalité. De mes confrères
et amis, rien, je ne sais pas si Gumery est
encore de ce monde.

« Il n'y a plus un garçon à Monay, comme à
Salins, les hommes sont prévenus de partir au
premier moment.

« Depuis ma dernière lettre, je ne suis pas

4

sorti de Monay. Dans les rares demi-journées
où il y a un rayon de soleil nous en profitons,
Esther et moi, pour respirer un peu l'air; le
pays est sain, avec de beaux horizons; Poupet
semble un géant depuis ici, et, presque de partout nous apercevons *Corne-à-Bœuf*. Chaque
fois que je le vois, je lui envoie un salut afin
qu'il le répercute en face, je veux dire au fort
St-André où je suppose que vous êtes encore.

« A Monay, à la nuit tombante, tout le
monde a soupé, et moins d'une demi-heure
après, tout le monde est couché; on se croirait
au milieu de la forêt de Chaux à minuit. Je m'ef-
force pour ne pas aller me coucher avant neuf
heures, pour ne pas être réveillé les trois quarts
de la nuit. Je suis seul jusqu'au matin du lendemain. J'ai mangé des gaudes deux ou trois
fois, j'ai été obligé d'y renoncer; je tombais de
sommeil après. Pour le reste, je vis comme les
gens de la campagne : grosses soupes au lard,
pommes de terre variées à toutes sortes de fri-
tures, deux ou trois fois de la viande. Les
paysans tuent toutes leurs bêtes. On débite de
la viande à six sous, mais quoique bonne j'aime
mieux les pommes de terre. J'ai éprouvé un

véritable regret sur les appréhensions du manque
de nouvelles de ce pauvre Damey. Si un miracle
avait pu se faire que l'on en eût eu depuis, je
m'en réjouirais fort.

« Vous vous assiérez sur une pièce de canon
pour prendre connaissance de cette lettre, pour
avoir l'air de lire quelque chose de sérieux. »

Monay, 28 avril 1871.

« Depuis l'arrivée des Prussiens dans notre
département, nous ne nous sommes plus donné de nos nouvelles ; dans les premiers mois, à
cause des chemins de fer en fourrière, et le ser-
vice postal interrompu ; ensuite, parce que sans
doute nous étions incertains où nous étions les
uns et les autres. Je crois pourtant que c'est
moi qui suis le plus coupable en cette circons-
tance, car Esther m'a dit plusieurs fois en nous
entretenant de vous, que je ne vous avais pas
remercié de cette jolie photographie que nous
sommes si contents d'avoir. Bien que ça soit un
peu vieux, veuillez tout de même en agréer tous
mes remercîments et nos compliments aussi.

« J'ai reçu et lu en même temps votre brochure sur les événements de Salins, occasionnés
par l'envahissement de l'armée prussienne. D'ici,
nous entendions bien le canon dans cette direc-
tion, mais aucune correspondance n'est venue
nous confirmer positivement si nous ne nous
étions pas trompés. A part une proclamation, à
propos de vos faits d'armes, que j'ai rencontrée
dans le *Moniteur*, personne de nos côtés ne savait ce qui s'était passé, aussi votre brochure,
outre qu'elle était de vous..... avait tout l'intérêt de la nouveauté pour moi. »

Monay, 28 avril 1871.

« Je me suis trouvé la semaine après Pâques,
à S....., j'y ai rencontré C....., avec Billot, déguisé en ténor de l'opéra. Le dimanche de
Pâques, un nommé L..., que vous avez peut-
être vu à mon atelier, m'avait envoyé chercher par une voiture prussienne la veille, pour
passer la journée du lendemain chez lui ; à
l'heure du dîner de midi, j'étais dans son jardin, assis au soleil ; je vois arriver vers moi

quatre messieurs : un avocat nommé T..., R.., conservateur du Musée, un architecte R..., je crois, et P... Ils arrivent droit à moi ; je me lève, voilà que l'avocat lâche son robinet à paroles et me fait un discours à bride abattue ; n'étant prévenu de rien, croyant que c'était des amis de L..., qui se tenait derrière le groupe, et qu'il leur avait ménagé cette invitation un peu à mon intention, pour faire connaissance, j'y réponds par une blague et tout ce qui me passe par la tête. On nous appelle ensuite pour dîner ; on boit, on mange avec appétit ; à la fin, on apporte un pâté enguirlandé, des vins fins, du champagne. L... se lève, lit un discours épatant ; il faut lui savoir gré, me disais-je, de ce qu'il fait de son mieux, pour égayer ses convives ; puis on trinque et je reblague à tort à travers. Voilà que l'on apporte autre chose de la cuisine, une *tourte* couronnée, un gâteau de Savoie, je n'y faisais presque pas attention ; ce n'était qu'un moule à couronne qu'il avait confectionné lui-même, il détache ce feuillage, se lève, et vient me passer cette espèce de casquette sur la tête. Allons ! me disais-je : elle finira peut-être par devenir bonne ; me voilà tout à fait en carnaval, dans la position du bœuf-gras ou du veau couronné, au concours de Passy. Je m'efforçais de faire la meilleure contenance possible et de rire de mon mieux, mais les autres convives tenaient leur sérieux, et les compliments allaient toujours leur train. On sort de table pour aller prendre le café au jardin, vite chacun regarde sa montre, et le groupe part pour reprendre le chemin de fer de L..., moins B..., qui allait à S... Le lendemain, je réfléchissais à cette scène de Paul de Kock et nous riions avec Esther, en disant : c'était assez *cocasse* tout de même. »

Monay, 1ᵉʳ juin 1871.

« J'ai attendu anxieusement, mon cher Claudet, des nouvelles particulières de Paris, pour répondre aux questions que vous me faites dans votre lettre sur la part des désastres qui auraient pu me survenir. Je n'avais pas reçu la moindre égratignure des Prussiens, et je m'empresse d'ajouter que l'on me dit, dans des lettres que je reçois à l'instant même de Paris, que je

n'ai pas été très endommagé par la guerre ci-
vile. On me dit que j'en suis quitte pour des car-
reaux cassés devant et derrière mon atelier.
Quant à l'appartement, j'en avais fait mon
deuil, par ce que j'en avais lu dans les journaux. On s'est battu, m'écrit mon voisin, pendant près de 48 heures sur une barricade qui
s'appuyait contre notre maison à celle d'en face
pour fermer la rue Vavin du côté du boulevard
Montparnasse. Les communeux s'étaient empa-
rés de tous les étages et tiraient sur les trou-
pes ; celles-ci ont fini par les déloger et ont occupé les maisons à leur tour ; mon voisin a
descendu mes bibelots à la cave, et sauf quelques éclats d'obus et des éraflures de balles,
Daumas, mon praticien qui est entré chez moi,
est resté surpris du peu de désordre à la suite
d'une pareille occupation. J'ai lu dans les journaux que le carrefour Bréa-Vavin, était détruit
par l'explosion de la poudrière du Luxembourg,
d'autres disaient par la seule torpille qui ait
réussi à s'enflammer dans les égoûts. Mon voisin n'entre pas dans les détails, il me dit seulement que deux de ses amis , que je connais très-bien aussi, sont sans domicile, leur

maison a été incendiée ; ils n'ont plus que les vêtements qu'ils portaient au moment de l'explosion. Ils demeuraient dans la maison du marchand de vin qui fait l'angle de la rue Vavin et la rue de Notre-Dame-des-Champs, un peu plus haut, en face de mon ancien atelier. Madame D..., y demeurait aussi, elle doit se trouver dans la même situation que ces deux messieurs, ses voisins, si toutefois elle a pu se sauver, la pauvre femme. Pour le reste, je ne sais que ce que j'en lis dans le *Petit Moniteur* et quelquefois dans le *Gaulois*, que le facteur me laisse parcourir en contrebande, avant de le porter à son abonné, à un village voisin. Vous avez dû voir comme tout le monde, depuis que vous m'avez écrit, que le palais du Luxembourg n'avait subi aucun dommage ; particulièrement, je n'ai pas été trop malheureux. Avant de prévoir le commencement des désastres, dès la nouvelle première, que des marins avaient franchi l'enceinte fortifiée de la ville, et qu'ils s'avançaient au pas de course dans l'intérieur, j'avais cru que l'émeute allait fondre et qu'il n'y en avait pas pour un déjeûner de soleil ; nous avions formé le projet, Esther et moi, de partir

samedi 3 de cette semaine, nous avons cru devoir remettre notre départ à la semaine prochaine, à cause de la tournure épouvantable
qu'ont pris les événements, et que l'ordre dans
la circulation soit un peu rétabli. »

Monay, 1ᵉʳ juin 1871.

« ..... Notre pays en lui-même n'est pas
désagréable ; en plus des horizons au moins
aussi étendus que ceux que l'on peut avoir
des sommets du *Poupet*, et dont la vue coûte
à peine la fatigue que l'on a à monter chez
vous, au levant, au nord, au couchant, il
y a des bois taillis, de hautes futaies, à dix
minutes à peine du village, d'un abord commode et varié. Pendant ces bises, nous y
passions presque continuellement nos après-
midi ; nous nous amusions à herboriser à
l'abri du vent, ou du moins Esther se faisait
de grosses gerbes de bouquets. Il y avait
longtemps que je n'avais vu le printemps dans
nos pays, et je n'avais jamais pu le voir de
cette façon. Dans ces courses à travers les

bois qui se prolongeaient quelquefois assez loin, j'allais à l'aventure sans rien dire. Esther venait après moi comme le petit chien suit son maître. Je m'amusais à ce qu'elle ne sût jamais une seconde d'avance où elle allait, à droite, à gauche, ou si elle allait se retourner. Quelquefois, nous tombions dans ces prés perdus dans les bois, dans le genre de ceux qui sont au *Gour de Conge*, entourés de grands bois. Les oiseaux chantaient ; les rossignols s'égosillaient, et les grillons, ces espèces de postillons lilliputiens, faisaient un charivari harmonieux en faisant résonner leurs grelots. Dans ces solitudes, où, pendant quatre heures, on ne rencontrait pas une âme, si on venait à songer que la brute d'homme s'égorgeait pour savoir à qui resterait certain endroit, objet de leur convoitise, tandis que d'autres parties sont, en si grandes quantités, si longues et si largement silencieuses, il faut bien convenir que notre prétendue intelligence est une véritable folie. Je me suis pris d'amour pour des motifs relativement restreints; les paysages découverts, aux lointaines perspectives, n'ont plus tant d'attrait pour moi. »

Après la Commune, Perraud revint à Paris où il ne croyait plus trouver son atelier, car on s'était battu fort de ce côté-là. Par un heureux hasard son atelier était intact, mais son logement était criblé de balles. Il se réinstalla comme il put, se mit au travail et acheva son marbre de *Galatée* qui parut au salon de 1873.

Voici ce qu'il m'écrivait à ce propos :

« J'ai à peu près fini ma *Galatée* ; j'ai prévenu le voiturier de la prendre dès la première heure, s'il le voulait. J'ai travaillé jusqu'à la fin avec courage, consciencieusement et bien résigné.

« Je vous ai déjà parlé du silence qui s'est fait autour de cette œuvre; ça a continué depuis à exciter aussi peu la curiosité par l'absence de la rumeur publique. Le sujet n'est pas empoignant peut-être, mais pourtant le mouvement est gracieusement développé, et malgré tout, il y a un résultat de finesse, de délicatesse, de distinction qu'on n'a pas l'habitude de voir dans la scuplture moderne. »

La critique fut sévère pour sa *Galatée*, qui, malgré ses défauts, est encore une belle chose.

Sa première œuvre paraissait mieux; il l'avait exécutée et exposée en 1857. Depuis, il l'avait recoupée par le milieu du corps et avait refait la partie supérieure. Son marbre, encore travaillé et rechangé, porte en lui un caractère de maigreur.

Le gouvernement l'acheta et en fit cadeau au musée de Lons-le-Saunier où se trouve la collection des œuvres de Perraud. Le plâtre a été détruit.

Voici comme il me raconta la réception du duc d'Aumale à l'Académie :

« J'arrive de la réception du duc d'Aumale à l'Académie française ; discours fort applaudi, et dit avec un organe admirable; c'est ce qui s'appelle un bon creux. En se promenant dans la salle de la Bibliothèque où les académiciens s'assemblent en attendant de descendre sous le dôme, (coupole) flanqué de Guizot et de Thiers qui devaient lui servir de parrains, il les dépassait en hauteur comme la belle Eucariste dépassait les autres nymphes et ses compagnes. Jamais la coupole n'avait abrité tant et d'aussi grand monde ; toutes les cours et les quais regorgeaient d'équipages, et une foule de curieux, comme au feu d'artifice. On faisait déjà queue aux portes à 7 heures du matin ; vous voyez qu'on n'est pas près d'être rassasié de princes.

« Il y a de bonnes choses au Salon de sculpture cette année, entr'autres une *Eve*, en plâtre de Paul Dubois, qui tranche sur tout le reste ; cela est, à mon avis, très-remarquable, et atteint un degré de qualité sans précédent dans la sculpture moderne. Vous voyez que je ne marchande pas. »

Quand le journal le *Figaro* fit construire son hôtel, il fit un concours, pour une figure de façade à exécuter en pierre, représentant le célèbre fils de Baumarchais: *le barbier Figaro.*

Les esquisses furent réunies au bureau du journal, et un jury fut choisi. Voici la lettre où Perraud raconte le dîner qui suivit le concours:

« Vous avez entendu dire que j'avais été nommé du jury pour juger le concours du *Figaro.* Ça me gênait bien un peu d'aller dans cette boutique. Puisque c'était les artistes qui m'y appelaient, je ne pouvais guère me récuser. Ils sont très-aimables et font très-bien les choses ; tout en arrivant, nous avons été gracieusement invités, après notre besogne faite, à déjeuner, et, par une malice préméditée, on nous a prié de nous débarrasser de nos chapeaux que l'on a emportés dans un cabinet où nous devions les reprendre après, afin que personne ne pût esquiver le déjeuner ; il s'est trouvé que l'employé est parti en emportant la clef, laissant nos chapeaux enfermés, de sorte que, nu-tête, nous avons été obligés d'aller, depuis en face le vieil Opéra, jusque dans les salons du café Riche, au coin de la rue Lepelletier, où un frais déjeuner, frappé à la glace, nous attendait ; ça été un feu roulant de plaisanteries. Tout passait comme des lettres à la poste.

« Vous avez lu et relu tout ce que l'on dit de Baudry, à propos de ses peintures décoratives de l'Opéra, exposées à l'école des Beaux-Arts. C'est une œuvre. C'est plein de défauts d'ensemble, mais c'est une palette originale, que difficilement aucune autre n'aurait pu suppléer. Peut-être en exagère-t-on un peu

l'importance, mais tout en critiquant les défauts, et loin de s'en fatiguer, l'on s'y attache et
intéresse. Voilà la véritable pierre de touche,
pour maintenir la valeur de la chose. » (1874.)

En 1873, il alla passer quelque temps à
Fontainebleau pour se reposer. Il m'écrivait
de là :

« Je ne me rappelle pas si vous connaissez
Fontainebleau ; c'est plus beau, plus intéressant, plus varié, plus vaste que Versailles ; je
parle seulement du palais. Cette renaissance
italienne, taillée dans de vastes proportions,
l'emporte sur nous par son aspect grandiose
qui, à mon sens, a toujours fait défaut dans
l'architecture en France. Quel galbe puissant
et gracieux dans les données diverses de déco-
ration ! Que d'or, que de peinture, dont les
restes étonnent ceux qui savent encore les
retrouver sous tant d'ineptes restaurations !
Seulement, à l'inverse de Michel-Ange, plus
architecte, plus sculpteur que peintre, puisqu'il
a traité sa peinture d'une façon, pourrait-on
dire, sculpturale, le Primatrice a composé sa
sculpture en peintre, et comme la sculpture n'a

pas, comme la peinture, les bénéfices de la perspective aérienne, il y en a trois fois de trop, et de plus, elle est aussi mauvaise qu'on puisse se l'imaginer : elle est atroce. Je ne vous ferai pas la description de cette magnifique et véritablement royale demeure qui renferme tant de souvenirs qui font partie de notre histoire, les uns glorieux, les autres attristants et pénibles, et quelques-uns puérilement ridicules. J'ai vu les principaux sites de la forêt dont certaines parties sont exemptées de la rigueur de l'exploitation et classées comme monuments publics historiques, au même titre que les cathédrales, ou tout autre monument. Une espèce de chêne particulier, avec tige sans branches, haute comme les gros sapins de chez nous, est admirable. J'ai été à Barbizon, à cette auberge illustrée par les peintres, mais dont le mérite est bien loin d'être à la hauteur des récits que l'on en a faits dans les journaux. Du reste, l'aubergiste s'est avisé, de bonne heure, de disposer des panneaux de bois, bien en vue, qui invitent d'eux-mêmes aux barbouillages des fantaisistes ; lorsqu'il y en a de réussis, il les vend aux touristes, il ne reste guère que des choses plus qu'insignifiantes. Nous nous sommes encore trouvés, par hasard, sans le chercher, au milieu d'une chasse à courre ; nous avons vu passer et repasser deux ou trois fois le cerf, qui est venu finalement se noyer dans une grande pièce d'eau , autour de laquelle Louis-Philippe se promenait en calèche, quand Lecomte lui a tiré par dessus un mur, un coup de fusil qui l'a manqué... »

Au salon de 1874, il exposa un buste, en terre cuite, de son ancien maître, M. Dumont, de l'Institut.

Je m'étais amusé à faire un petit buste de Perraud sur une photographie ; je l'avais envoyé au mouleur et j'avais chargé L... de le porter à Perraud pour le lui montrer, et, suivant sa bonne habitude, L... avait tout embrouillé... écoutez la charmante lettre de Perraud, à ce sujet :

« L... à son retour, à propos de mon petit buste, est venu entamer une histoire mystérieuse que je ne comprenais pas tout d'abord, et il a fini par si bien l'entortiller que j'ai eu de la peine à saisir ce qu'il voulait dire ; ensuite, une

5

quantité de questions: croyez-vous que ce mouleur est capable ? s'il ne peut m'en donner des
épreuves que tel jour, vous auriez peut-être
désiré en avoir de suite ? où faut-il vous le
porter ? chez vous ou à l'atelier. — Ici, où vous
voudrez, ça ne presse pas; donnez le temps
nécessaire au mouleur, ne le tourmentez pas.
Puis le voilà, recommençant à nouveau tout ce
qu'il avait déjà dit, en y ajoutant des demandes
de renseignements supplémentaires et de ci et
de ça, et encore, si bien que la patience m'est
échappée et que je l'ai envoyé à l'ours. Depuis,
il n'osait plus me parler de rien, lorsque l'autre
jour, il est venu trouver Esther avec une
épreuve enveloppée dans du papier de soie
pour lui faire voir : succès complet de ce côté.
Déjà à moitié rassuré, il voulait me l'apporter
à l'atelier. Mais comment faire, il va me rem-
bourrer. — Allons donc ! vous exagérez. — Mais
non, je vous assure, j'ai peur de lui. — Allez-y
et je vous réponds qu'avec ce que vous portez,
vous serez bien reçu. — Esther riait sous cape;
c'était une comédie. Il arrive enfin, frappe
discrètement. Façonné à sa manière de se
présenter chez moi, je me suis dit : Voilà mon

toqué. Au lieu de lui crier d'entrer, pour couper court à ses cérémonies, j'ai été lui ouvrir, l'ai pris par le bras, et l'ai jeté au milieu de l'atelier, en fermant la porte, et lui disant : maintenant fais ton discours, et il était là comme ce personnage de comédie italienne l'*Ajo nel imbarrazzo* avec un enfant sur les bras. — Oui, je sais, je comprends , voyons ! montrez-moi ça !

— Eh bien ! franchement, je ne croyais pas qu'il aurait pu tirer un pareil parti avec les documents qu'il avait à sa disposition, mais c'est bien, il s'est bien souvenu de ce que la photographie ne lui donnait pas. — Je l'ai rapporté le soir chez nous, pour que la poussière du charbon de terre ne l'abîme pas trop vite, et nous l'avons de nouveau examiné sous tous ses aspects. Esther disait : Si on se trouvait surpris par un événement comme celui du paquebot de la ville du Havre, comme on serait heureux d'avoir une chose pareille! Il est bien un peu accentué, un peu vieilli, plus ressemblant à la photographie qu'à vous-même, mais c'est égal, c'est bien vous ! je vais le mettre dans ma chambre, dans un coin, comme dans une petite chapelle. J'y tiens beaucoup, il est d'un grand prix pour moi ; à part tout son mérite, c'est encore une chose appréciable au-dessus de tout, de notre ami Claudet, de s'être occupé de vous, comme il l'a fait; ça me touche plus que je ne saurais dire. Elle en disait, en veux-tu en voilà et, très justement ; je n'avais qu'à dire : amen. C'est vous dire combien vous nous avez fait plaisir et combien nous vous en remercions tous les deux. »

Paris, 18 janvier 1875.

« Vous nous avez fait, mon cher Claudet, la gracieuseté de nous souhaiter une bonne année, nous vous en sommes très-obligés et reconnais-sants, tout à la fois. Mais c'est à vous qu'il faut la souhaiter bonne ; c'est à la jeunesse remplie d'espérance et d'illusions qui peut encore compter sur l'avenir; ceux qui n'en sont qu'à la montée et ne sont pas encore arrivés au sommet. Vous êtes encore en plein dans l'âge des rêves, des séduisantes illusions, pour vous les jours sont toujours bons, les saisons tou-jours belles.

« Vous êtes dans le temps de la vie, où l'on porte le paradis dans son cœur, avec la douce confiance de le réaliser un jour, tout en s'impatientant de le voir arriver : heureuse attente ! L'existence est un rêve à travers lequel on a passé sans s'en être aperçu. Ce n'est que lorsqu'il est complétement évanoui, que l'on peut compter tout ce qui s'est évaporé, et que presque rien ne s'est réalisé. Voilà où j'en suis, où nous en sommes avec Esther. Nous n'avons plus rien à attendre de bon, de mieux; tout ce qui peut survenir avec le temps, est à notre porte. Maintenant le *nec plus ultra,* au point où nous en sommes, est d'y rester comme nous nous y trouvons, et de nous y maintenir autant que possible, comme ces vieilles semelles de souliers que l'on protége à force de clous. Voilà, mon ami, tout ce qui nous reste raisonnablement à attendre.

« Véritablement, je ne me trouve bien nulle part que chez nous. A mesure que l'on vieillit, on voit s'étager les générations les unes au-dessus des autres, et, pour qu'on y prête la moindre attention, c'est étonnant comme on s'aperçoit que les unes après les autres, recommencent la même chose. Le monde, pris dans son ensemble, finit par n'avoir plus rien de curieux ni d'intéressant, on le connaît par cœur. Il n'y a rien de comparable au plaisir de tourner chez soi, de flâner d'un objet à l'autre et songer aux souvenirs qu'ils nous rappellent. Travailler et penser à ce qui peut occuper notre esprit, élever l'intelligence, voilà le véritable refuge. »

En 1875, après avoir travaillé, *comme Samson tournant la meule,* à son groupe colossal *Le Jour*, il l'envoya au Salon avec cette légende :

« Un des compagnons d'Hercule se désaltère à la source après de rudes travaux et des combats héroïques contre les brigands et les monstres qui épouvantaient la terre. »

On n'avait jamais vu, depuis Puget, un pareil morceau de sculpture. Les uns en furent stupéfaits ; les autres (*les Salonniers*), qui n'y comprenaient rien, lui tombèrent dessus à bras raccourcis.

Le lecteur jugera s'il s'est donné de la peine, et si cette œuvre lui a coûté des soucis, des tourments. Il m'écrivait ce qui suit, à diverses époques, à mesure que son travail avançait :

« Si je ne vous ai pas donné de mes nouvelles, mon cher Claudet, c'est que depuis les
dernières lettres que vous avez reçues de moi,
j'ai passé de cruels moments, bien désespéré, ne
sachant plus que faire, ni quel parti prendre et
encore moins à quel saint me vouer ; enfin, mon
existence est un cauchemar éveillé ; chose incon-
cevable. Quand vous serez à Paris, en face de
ce qui m'a occasionné tant de tourments, vous
vous demanderez ce que j'ai pu faire, pendant une
année toute entière, pour le retrouver (le groupe
du *Luxembourg*) exactememt comme il était le
jour de votre départ ; c'est aussi la question
que je me suis faite déjà bien des fois. Un
jour, à la fin d'une journée, entre chien et
loup, j'ai cru avoir une idée, j'ai encore tout tiré
en bas et laissé la terre autour de la selle, je
n'ai remis qu'un morceau de terre à tâtons, (il
était nuit) qui signifiait un commencement d'autre chose ; la poésie dit qu'il a fallu le sacrifice
d'Iphigénie pour que les Grecs pussent mettre à
la voile ; on avait guillotiné Tropmann le matin
et je me disais en riant de mon triste sort : Si
l'expiation de ce terrible gredin imbécile allait
être favorable aux dieux infernaux et que je

pusse aussi mettre à la voile ! le fait est qu'il n'a
jamais été aussi bien qu'à dater de ce jour...... je
voudrais bien vous avoir avec moi, pour m'ai-
der à brosser mon couple infirme ; je crois qu'il
n'y aurait que ce moyen d'en sortir ; c'est dommage que vous ne soyez pas ici........ ».

« Je travaille comme Samson tournant la
meule, de la pointe du jour à la nuit noire, sans
trop d'efforts ; mon travail, après m'avoir paru
très laid, tout le temps, me semble parfois sourire agréablement ; est-ce ironiquement ? il en
serait encore bien capable, cela pourrait-être,
car je dois n'y voir que du bleu. Pourtant ce ne
serait pas juste, car jamais travail ne m'a tant
coûté ; quoiqu'ils m'aient tous donné des pei-
nes inouïes. Soit la douce satisfaction que l'on
éprouve à se mettre le doigt dans l'œil, je travaille avec courage et avec espérance ; le monde
qui entre dans mon atelier en sort comme il est
entré sans avoir l'air de faire attention à ce que
je fais ; quand ce sont des camarades, ça me
fait rager et je me demande ce qu'ils veulent,
qu'est-ce qu'il leur faut donc ? C'est à fermer
sa porte à triple verrous et à ne jamais laisser
entrer personne chez soi, puis en somme, ce

sont des fichus bêtes de ne pas comprendre que de cette façon-là, ils m'embêtent mortellement. Je me demande si je suis passé à l'état d'écureuil, de m'agiter pour ne rien faire ? Comme qu'il en soit, je voudrais bien en finir dans le courant du mois de janvier prochain, je n'ose l'espérer.... »

« Je suis toujours en quête de modèles d'homme, mon homme n'est pas revenu. J'ai fait demander mon ancien modèle du *Faune*, mais lui aussi est engraissé et plein à ne pas le reconnaître. Dans ce moment, je patiente parce que le temps est pénible, mais je commence à être inquiet. De tous les modèles que j'ai vus, je n'en ai pas trouvé un seul qui soit aussi bien que mon esquisse que j'ai faite de *chique*. »

«... J'ai enfin fini par voir arriver le marbre de mon groupe, *le Jour*, d'un volume énorme, 13,000 kil. Il a coûté de Carrare à mon atelier, près de 3,000 fr. de transport. Il est en ce moment sous les châssis, en œuvre ébauchée dans la carrière d'après un saumon réduit au quart ; nous avons eu de la peine à le faire entrer dans l'atelier.

« Les gens de mon entourage viennent à chaque instant me demander la permission d'entrer dans l'atelier où il est, pour le faire voir à leurs amis. Le *Buveur*, avec sa nature ronflante, leur est mieux compréhensible. La jeunesse est plutôt saisie par la puissance, par la force des choses, ou des phrases à effet, que par ce qui est simple et distingué...

« Dans le but de faire œuvre, depuis six semaines, je ne quitte plus l'atelier où est le marbre du groupe que je travaille avec rage ; aussi sera-t-il facilement terminé dans la première quinzaine de mars. Comme toujours, je me suis intéressé avec passion, dans les commencements. J'allais jusqu'à me figurer, dans mon for intérieur, que je décrocherais la timbale, et selon ma conscience, je sens le vide, le néant autour de moi. C'est encore une affaire colossale à moitié ratée, et d'autant plus, que pour cette fois, je n'ai plus d'espérance de retrouver l'occasion belle. Quand cela n'est pas venu, on a beau s'émoustiller, se réveiller en sursaut la nuit, en croyant avoir trouvé sa ratelée, se donner de la tête contre les murs, taper sur la tête du turc, à grands coups de poing, c'est toujours le même numéro qu'on ramène, même un peu moins. Par Dieu ! ce n'est pas mauvais ! on m'assure sérieusement qu'il (le groupe) ne sera pas plus mal que les autres et qu'il sera même mieux. Mordienne ! si c'était là le but que j'ai fini par atteindre, c'était bien la peine de tant entreprendre de souci !

5 novembre 1874.

« J'ai fait changer ces deux *emplâtres* qui travaillaient à mon grand groupe en marbre. J'ai un homme dévoué, courageux et qui y met toute la bonne volonté dont il est capable. Nous avons modifié pas mal de choses ; mais, comme de juste, il a fallu y mettre la main ; je reprenais avec la pointe des parties terminées et je faisais un ravage épouvantable. Jamais écrouelles n'ont labouré à ce point autant de chairs humaines. Dix fois par jour, j'entre à l'atelier, j'en arrive à le faire faire comme si c'était moi-même. Le dos de la femme ne ressemble plus en rien à ce qu'il était.

« J'arriverai pour le Salon.

« Vous voyez par tout ce qui précède que ma présence continuelle à mon atelier n'a pas été inutile. Ce grand groupe, pour lequel je fais de si grands sacrifices, me fait perdre la tête. La nuit, j'ai des insomnies pénibles, où il me semble tout en jambes, sans torses, ni l'homme ni la femme; la femme trop renversée, l'homme gauche comme un cerf-volant (je parle ici du coléoptère); puis le jour venu, je me tranquillise, et, en arrivant, je vais vérifier ce qui me tourmente la nuit, puis, selon ma bonne ou mauvaise disposition, je me rassure et je cherche à prendre mon parti d'une chose à laquelle je ne peux plus remédier.

« Que de mal, que de tourment, pour accoucher d'une souris !

« Si parfois je me trouve en avance d'un quart d'heure pour l'Institut, je passe machinalement sur le pont des Arts et regarde un bateau mouche qui descend ou qui monte, et, sans y penser, je me trouve devant le *Milon* et je me demande : Qu'y a-t-il donc là dedans, pour toujours rester le maître ? le bourreau des crânes ? N'y a-t-il pas un prestige de préjugé ? Que sais-je ?

« Mon bonhomme est aussi grand de taille, mais.... croyez-vous, quand on a de pareilles toquades en tête, qu'on a besoin d'être à la campagne ? Mais, mon cher, les joueurs enragés, quand ils sont à la campagne, c'est pour passer les nuits à jouer ; ne pouvant jouer autre part que dans mon atelier, sitôt que j'en sors, je ne suis plus qu'un pleutre.

« Dieu sait pourtant que mes idées sont bien plus en branle, comme disait Montaigne, que mon corps. C'est bien ce qui fait mon inertie, de voir, à chaque heure différente, tantôt gros, tantôt maigre, tantôt long, tantôt large, sans savoir m'arrêter au bon endroit. Mon jeune ami, je vieillis, je tourne au père Carteron. Il me semble, quand j'écris n'importe quoi, voir s'étaler des rabâchages qui traînent par terre depuis le commencement du monde. En effet, il n'y a plus rien de nouveau qu'une transformation pour les vieux ; c'est toujours la même chose ; une fois le tour du cercle fini, recommencé et revenu en arrière, il n'y a de différence que d'une crinoline à un jupon de camelot de nos grand'mères ; mais le mannequin est toujours le même : amour, haine, présomption, passion, avarice, ambition et tout ce qui s'en suit, recommencent toujours dans tous les climats

la même chose ; voilà ce que l'on commence à
comprendre et à regarder philosophiquement, à
mesure que l'on perd ses mollets et ses cheveux. »

Le marbre du groupe, *le Jour*, est dans
l'allée de l'Observatoire ; le plâtre au musée
de Lons-le-Saunier, il a été aussi fait en réduction.

On envoya à l'Exposition de Vienne son
Faune et son *Orphée* qui y furent récompensés :
« Je suis vraiment reconnaissant pour la
part que vous avez prise à mon soi-disant succès de l'Exposition de Vienne. Jamais, au grand
jamais, vit-on pareille mystification. C'est
encore une de ces bonnes roueries d'allemands
sous une apparence de simple bonhommie ;
tandis que nous avons, nous, la naïveté de
les bourrer de médailles d'or et d'argent gra-
duées, ils ont trouvé plus simple de frapper une
seule et unique médaille de bronze de deux ou
trois sous, ce qui explique alors leur inépuisa-
ble prodigalité dont le nombre paraissait incom-
mensurable. Ah ! les farceurs ! Cette fameuse
distinction, dont nous sommes uniformément re-

vêtus, est tout au plus comparable à la médaille de Sainte-Hélène. Que des inventeurs de poudre à punaises, de boîtes à musique, souricières, coffres-forts, cloches à plongeurs, etc., etc., etc..., aillent grossir ces sortes de bazars, mais que des artistes aient la sottise d'aller dans de pareilles galères ! mais tant pis pour *eusses*, ils n'ont pas volé ce qui leur arrive. Il est vrai de dire que, pour mon compte, on m'y a envoyé sans me demander mon avis et que cela a dû arriver à bien d'autres aussi. »

Il finissait, au mois de mai 1875, une terre représentant: *Vénus nettoyant l'Amour*, c'était une idée de jeunesse, que depuis longtemps il voulait mettre à exécution.

Vénus debout, les deux jambes serrées pour retenir une draperie qui l'enveloppe jusqu'à moitié corps, tient l'Amour par les ailes et le racle avec un strigile. Le bambin se débat. La femme est bien dans son mouvement de crainte d'être salie par l'Amour. Ses bras s'arrondissent gracieusement pour le tenir du bout des doigts; le seul reproche à faire, c'est

que ce sujet, tout Louis XV, est traité un peu
magistralement.

Par les lettres qui vont suivre, le lecteur
jugera où le groupe en était au moment de la
mort de Perraud. Si on l'exécute en marbre, ce
sera peut-être hasardé que de prétendre exécuter l'idée de Perraud, c'était l'avis de M. Tho-
mas, son collègue de l'Institut.

« Je travaille à ma *Vénus* et à son *saligot*
de fils, un peu mollement. Cependant elle
avance tout de même et, bien sûr, j'en verrai la
fin dans la première semaine de mai. Après
diverses tentatives dans un sens ou dans un
autre, je n'ai rien trouvé de mieux que de ren-
trer dans mon esquisse que je vous ai montrée,
au moins dans la donnée générale, car la disposition de draperie qui enveloppe les jambes
diffère sensiblement pour le besoin de la solidité
du marbre. Maintenant je ne sais plus à quoi
m'en tenir sur mon travail, si je dois m'en féliciter ou me résigner tristement de n'en pouvoir
faire davantage. Ceux qui s'imaginent avoir
quelque intérêt dans ce petit commerce de relations, me flattent et me complimentent. Les
autres ne me disent ni bien ni mal, comme s'ils

étaient dans la boutique d'un bourrelier........ »

« ...... Vous savez où j'en étais avec mon groupe de l'*Amour*, mais ce dont vous ne vous doutiez pas, ni moi non plus, c'est du fil que j'avais encore à retordre avec ce bambin d'Amour. J'ai passé tout le mois de juin, du matin au soir, à la tourner et à la retourner comme un pantin que l'on tiendrait par un fil attaché à la tête. J'ai ramassé une petite fille que gardait une vieille, sur le boulevard, en face chez nous, nous l'avons déshabillée sur une couverture étendue par terre, mais c'est si vif et si fugitif en même temps que c'est aussi insaisissable que le dessin d'un éclair qui taillade l'orage, la nuit. Pour faire des enfants, il m'a semblé qu'il faudrait en avoir trois ou quatre tout nus jouant autour de soi, les apprendre par cœur et saisir de l'un ou de l'autre, au passage, ce qui pourrait avoir quelque rapport avec ce qu'on a l'intention de faire. La nature comme vous voyez, m'a bien peu servi. Je suis pourtant parvenu, crois-je, à la fin, à le mettre en place, c'est-à-dire dans le *cran*, comme il doit être. Puis les chaleurs sont venues, les bras isolés de la femme séchaient et crevaient

6

en les ramollissant ; le bras tordu, le gauche, a
manqué de tomber, c'est par un effet du hasard
que ce n'est pas arrivé. Je l'ai étançonné,
reconsolidé comme j'ai pu, et dare dare. J'ai
pris le parti de nettoyer *grosso modo* tout ce
qui restait encore à faire, et, bien que rien ne
soit positivement fini, que certaine partie nue
de la femme, parce que j'ai encore pris une
semaine de modèle, la première qui avait posé
l'ensemble. Tout cela m'a conduit juste au
milieu du mois de juillet, fatigué, accablé et
dégoûté de moi. Il reste des parties considé-
rables à trouver, quand on en sera au marbre, à
l'enfant surtout; je ne risque rien d'ici là, à me
procurer des matériaux, dessins, gravures et
moulages sur nature, tout ce que je pourrai
trouver un peu à ma convenance. »

Perraud venait de finir le buste de Pasteur :
il était sur une sellette et chacun reconnaissait
les traits fins et méditatifs du célèbre chimiste.

Pasteur, qui savait que Perraud, malgré tout
son talent, n'était pas riche, touché de la manière charmante et désintéressée dont il lui
avait proposé de faire son buste, porta un rouleau

d'or qu'il déposa chez Perraud ; mais il fut impossible de le lui faire accepter. Perraud le rapporta le lendemain au laboratoire du savant, où une lutte très-animée de générosité réciproque s'établit entre les deux amis.

Pour en finir, le grand artiste dit à son compatriote : « Puisque vous voulez absolument me donner quelque chose, en voici l'occasion. J'ai une voisine sans fortune, qui a deux fils. L'aîné est un grand garçon intelligent, qui brûle du désir de travailler et de se livrer à la chimie dont il a déjà commencé un peu l'étude. Donnez-lui les moyens de s'instruire et de n'être plus à la charge de sa mère, et puis, si vous voulez absolument me laisser un souvenir, je n'ai jamais eu de montre, donnez-m'en une de cinquante francs et je serai content. »

Pasteur s'empressa de faire venir le protégé de son ami et de l'interroger. Quelques jours après, je me croisais à la porte de chez Perraud avec un jeune homme qui descendait l'escalier quatre à quatre, tout joyeux. « C'est mon protégé, me dit Perraud ; il vient me remercier et m'apprendre que Pasteur l'a fait placer comme aide-préparateur chez un de ses collègues de l'Institut, dans l'un des laboratoires de la Sorbonne. Est-ce aimable de la part de Pasteur ! » — « Il faut voir comme sa mère et lui sont heureux, » ajouta Mme Perraud, attendrie de cette scène.

Quelque temps après, Perraud et moi, nous sortions de son atelier pour venir déjeuner. Arrivés près de la maison de Perraud qui demeurait au quatrième étage, et dont les fenêtres donnaient sur le boulevard Montparnasse, je levai la tête et j'aperçus Mme Perraud qui me montrait quelque chose en riant. A peine entrés dans la petite salle à manger, nous voyons sur la table une boîte qui renfermait une superbe montre aux initiales J. P., d'une des meilleures fabriques de Besançon.

C'était plaisir de voir Perraud la mettre, l'ôter, la remettre comme un enfant à qui on en aurait donné une pour le jour de l'an. — « Seulement, disait-il, elle est trop belle. » — « Vous la mettrez les jours de l'Institut, » répondit Mme Perraud. — Oui, mais pour ne pas l'abîmer, ajouta Perraud, Claudet, quand vous irez à Besançon, vous m'en achèterez une

de cinquante francs et une aussi pour Esther. »
— « Bon, m'écriai-je, voilà *Jouset* qui n'avait
pas de montre et qui en aura trois. » — Puis,
il s'attendrit : « Tout de même est-il gentil,
Pasteur. Il me gâte. Pour le remercier, je veux
faire le buste de sa fille qu'il aime tant. »

Quand la montre eut été bien admirée : « Il
faut la cacher, dit Mme Perraud. Je la sortirai
dans les grandes occasions. » — « Au baptême
de ton premier enfant, ajouta Perraud en
riant. » — « Je suis sûr, dis-je, à mon tour,
que le plus heureux des trois est encore votre
jeune protégé. » (1) « T'as raison, comme dirait
le père Auvernois, » murmura Perraud en
bourrant sa pipe.

---

(1) Le jeune homme est aujourd'hui préparateur en
chef d'un des cours de la chimie de Sorbonne. La
faculté des sciences, sur la proposition de *MM. Milne-
Edwards,* doyen, et de *Trost* professeur, lui a décerné
l'an dernier une partie d'un des prix Trémont. Il se
nomme *Rigaud.* Puissent ces souvenirs lui porter bonheur ! Dans tous les cas on voit par ses débuts que je
rappelle, qu'il n'était pas indigne de l'estime et de la
recommandation du grand artiste.

Cet article ayant paru dans la *Sentinelle*, le rédacteur reçut de M. Pasteur, membre de l'Institut, la lettre suivante :

A Monsieur le Directeur de la *Sentinelle du Jura*.

Paris, le 7 janvier 1877.

Monsieur,

« Un ami obligeant m'adresse un n° de la *Sentinelle du Jura* où je viens de lire avec émotion une anecdote, intitulée : *Une montre*, relative au grand artiste que le Jura et la France viennent de perdre. Je suis charmé que cette page touchante de la vie de Perraud, dont les détails peignent si bien tout à la fois sa généreuse nature, son cœur excellent et la simplicité de sa vie, ait été fidèlement recueillie par un de ses chers élèves, M. Max Claudet.

« Puisque j'ai eu la bonne fortune d'être l'acteur principal de quelques-unes des scènes que raconte cette histoire, permettez-moi, Monsieur, de recourir à la publicité de votre journal pour féliciter M. Claudet d'avoir con-

servé un souvenir si exact des faits qu'elle
relate. Je me fais un devoir et un plaisir de
certifier ici, que tout ce que raconte M. Claudet
est de la plus rigoureuse vérité. C'est ce qu'il
faut priser le plus dans les souvenirs posthumes
des hommes célèbres. De la vie des hommes
qui ont marqué leur passage d'un trait de
lumière durable, recueillons pieusement pour
l'enseignement de la postérité jusqu'aux moindres paroles, aux moindres actes propres à
faire connaître les aiguillons de leur grande
âme.

« A ce propos, Monsieur, permettez-moi de
vous reprocher d'avoir eu une défaillance comme
journaliste, lorsque, le 15 novembre 1876,
rendant compte des paroles que j'ai prononcées
sur la tombe de notre grand artiste, vous vous
êtes étonné que je n'aie pas caché un des traits
de l'histoire de la vie de Perraud, une de ses
douleurs les plus amères, qui compte parmi
celles qui ont abrégé ses jours.

« Je n'ai pas voulu répondre à l'article si peu
mesuré et si peu obligeant pour ma personne
et mon caractère, que vous avez publié à cette
époque. Aujourd'hui je vous le pardonne, cet

article, puisque vous me donnez, avec l'occasion de vous remercier, le plaisir de me remémorer une page inédite de la vie de notre grand sculpteur.

« Veuillez agréer, monsieur, l'assurance de mes sentiments très-distingués,

« L. Pasteur, de l'Institut. »

Voici ce que m'écrivait Perraud en 1875 :

« Nos santés sont toujours les mêmes, Esther avec ses névralgies et ses migraines, et moi avec mon rhume à l'état chronique ; en ce moment pourtant, il me semble en être moins incommodé que d'habitude. J'ai toujours la même circonférence que vous avez vue l'année dernière et une assez bonne mine. Dans le fait, j'ai plutôt gagné que perdu depuis une période de dix ans. Ainsi que je crois vous l'avoir dit déjà, dans mes lettres de cet hiver, l'esprit, le moral sont à l'unisson de ma situation physique, ma nacelle commence à naviguer dans des hâvres sûrs et tranquilles, à l'abri du gros temps, grâce aux limites restreintes où j'ai borné le reste de mes ambitions. »

Pauvre Perraud, il croyait avoir trouvé le port ! Avant d'arriver à la catastrophe, je vais essayer de donner un aperçu de sa vie d'artiste et d'homme :

Perraud était de taille moyenne ; sur les derniers temps, il avait grossi, il marchait difficilement. Sa tête était belle par le développement du front et par la limpidité du regard. Sa physionomie habituelle était la tristesse, ce qui lui donnait un air *souffreteux*. En causant, il cherchait ses mots, hésitait, bégayait presque, puis cela partait tout d'un coup et il devenait un conteur charmant.

Il reste de lui un portrait, demi-nature, peint par *Lenœveu*, quand il était à Rome, 1850.

Une lithographie par *Lafosse*, 1856, d'après une photographie ;

Un buste que j'ai fini de lui, en 1876, un jour que j'avais pu le prendre, ce qu'il n'avait jamais voulu souffrir de personne. Il m'écrivait à ce propos : « Je suis très-sensible au succès de mon buste ; mais je trouve qu'on lui fait beaucoup trop d'honneur. »

On trouvait Perraud tous les matins, dans son atelier, boulevard Montparnasse; il travaillait lentement, refaisait plus de cent fois *ses modèles* ; il s'acharnait au travail au point qu'il en avait le cauchemar la nuit. Son talent n'avait rien de prime-sautier; en sculpture, il ne croyait pas au premier jet, il voulait revoir ses compositions longtemps pour en bien juger; il passait des heures entières assis à regarder son œuvre, à chercher quelque chose de mieux. Aussi trouve-t-on dans ses statues cette science qui leur fait un si grand mérite.

Voici comme il me racontait les moments qu'il passait dans son atelier :

« Je me replie sur moi-même ; enfermé dans mon atelier, je flaire les objets les uns après les autres, je flane pour le besoin de rêvasser, jusqu'à ce qu'il me reprenne envie de travailler, ou que quelqu'un frappe par hasard à la porte. Quand ce sont des importuns ou des *pifferari*, je les envoie à l'*ours* d'une façon qui les surprend, malgré l'habitude qu'ils en ont. Après j'en ris, et mon brouillard mélancolique se dissipe, la lumière, la sanité d'esprit reviennent. Ce sont là de vieux restes, de vieux reliquats des fausses routes de ma jeunesse, qui ont eu une funeste influence sur mon activité; quoiqu'amoindrie par le temps et par l'habitude, c'est une situation passée à l'état chronique et qui durera autant que le reste. Un autre cas qui *m'acagnardit*, c'est que je ne suis pas plutôt assis, que je tombe immédiatement dans une espèce de somnolence; je dors assis sur une chaise, sur une caisse, aussi d'équerre qu'un Pharaon en porphyre, comme le père Carteron sur sa sellette. »

Il n'aimait pas être dérangé le matin, car il travaillait; l'après-midi il passait volontiers son temps à causer. Il était fort gai et avait horreur des gens graves, il aimait la jeunesse, causer, rire avec elle ; les vieux l'ennuyaient. Quand il passait sur le boulevard Montparnasse, il s'arrêtait avec plaisir à regarder des étudiants et des étudiantes devant un café : « Sont-ils gentils », disait-il; puis il fredonnait un vieil air qu'on chantait autrefois à la *Chaumière*. Je lui proposai un jour d'aller à *Bullier*, ce qu'il accepta avec plaisir. « Rien ne m'amuse comme la jeunesse et puis voilà vingt ans que je n'y suis entré. » Nous y restâmes toute la soirée, il s'amusait comme un enfant de voir danser, surtout une femme, qui, sans être belle, avait une désinvolture et une grâce charmantes : « Elle a des mouvements et des souplesses comme une panthère, » disait-il.

Revenons à son atelier, qui était grand, très-sale, rempli de poussière. Dans le fond, on voyait le bas-relief des *Adieux*, un *St-Sébastien*, une *Madeleine*, œuvres inédites qui se trouvent à présent au musée de Lons-le-Saunier.

Sur la droite et sur la gauche de l'atelier, des bustes, des plâtres plus ou moins cassés, une table chargée de papier et de poussière, deux fauteuils, un canapé qui n'en avait plus que le nom.

Perraud n'était pas riche, il avait gagné, me disait-il, une centaine de mille francs, somme bien minime pour son talent. Il dépensait beaucoup pour l'exécution de ses marbres, et une grande partie de son gain y passait.

Il ne sut jamais profiter de ses succès ; il en était presque honteux, ne demandait rien et attendait que les commandes arrivassent, vivant tranquille chez lui, s'occupant de son art sans savoir si plus tard il lui donnerait du pain.

Il me disait encore au printemps de 1876 : « *J'ai cinq mille francs de rente, ce que je touche de l'Institut, ce que je gagne;* ce n'était guère, quand Esther vivait, j'aurais voulu avoir plus pour elle; à présent qu'elle est morte, c'est bien assez pour moi et puis, voyez-vous, je ne saurai jamais gagner de l'argent.

« Si j'avais été un ambitieux remuant, j'aurais tiré un autre parti que celui que j'ai tiré, du moins relativement à la fortune, avec les éléments que j'ai eus assez tôt dans les mains. De ce côté, je peux bien l'avouer, je me suis laissé dévorer par les poux. Il n'y a pas seulement en moi la crainte d'une honteuse timidité insurmontable de me mettre en avant; je sens et j'ai toujours senti que, modestie à part, je n'ai aucun don pour faire des affaires; avec les meilleures marchandises, je serais le pire des commis-voyageurs ; avec les meilleurs onguents, charlatan, je mourrais de faim. Quand j'y réfléchis, je ne sais comment on a pu penser à moi pour le peu que je suis et le peu que j'ai fait. Sitôt que j'ai double affaire sur les bras, je me réveille en sursaut la nuit et j'ai peur. Je n'ai demandé qu'une chose dans ma vie, c'est de faire la statue de Cler. »

« Les artistes sont en général d'excellentes
« natures, dévouées, faciles à émouvoir, mais
« ne sachant rien faire dans la vie pratique. »

Parlons un peu de sa femme qui fut la vie de Perraud et la cause de sa mort. Elle était la fille d'un mouleur italien, nommé *Fontaine*, lequel demeurait, autour de 1846, rue des *Canettes*, dans une mansarde voisine de celle de Perraud.

Elle était enfant, quand il partit pour Rome; à son retour, il la trouva jeune fille.

Perraud avait alors un amour en tête qui n'eut pas la solution qu'il désirait; ce qui lui laissa, dans l'esprit, une grande tristesse, qu'il exprima en donnant son *Désespéré*.

Plus tard, voyant Esther, par la mort de ses parents, presque à la misère, cette union se fit. Il y trouva le bonheur pendant bien des années, et la mort de cette compagne fut pour lui le dernier coup.

.Madame Perraud était grande, maigre, la figure bien accentuée, des yeux noirs, la lèvre inférieure légèrement avancée sur la supérieure, de beaux cheveux noirs. Elle était coiffée en Diane antique ; elle avait un parler charmant, et personne ne savait mieux vous mettre à votre aise ; quand vous alliez chez Perraud, elle vous devinait et vous deveniez forcément son ami.

Elle était le type de la parisienne, qu'on appelle la femme de ménage ; occupée de grand matin à tout arranger, à tout organiser dans son petit intérieur, elle sortait sur les huit heures faire son marché. Connue de tout le quartier où sa figure était sympathique, il fallait voir comme elle était bien accueillie par tous les marchands. Elle rentrait préparer le déjeuner, et à onze heures elle allait jeter un coup d'œil à la fenêtre du côté de l'atelier. Elle apercevait Perraud qui arrivait tranquillement en lui faisant un petit signe de tête pour dire : Me voilà.

Le déjeuner fini, Perraud se reposait un moment et il repartait pour l'atelier ; il revenait souper à sept heures ; la soirée se passait à causer avec des amis qui venaient le voir. Quand il faisait bien chaud, il descendait au café en bas de chez lui et prenait un bock, en regardant passer les allants et les venants.

Dans les premiers temps de sa vie, hôte assidu du café de Fleurus, il n'y allait presque plus. Sa charmante femme avait si bien su le captiver que son intérieur était tout pour lui.

Il demeurait rue Vavin, à l'angle du boulevard Montparnasse, au 4ᵉ étage, dans un petit appartement composé de trois chambres et d'une petite cuisine. Depuis les fenêtres donnant sur le boulevard, on apercevait, à gauche, l'allée de l'Observatoire et le boulevard d'Enfer ; sur la droite, la gare Montparnasse ; plus loin, le puits de Grenelle, et à l'horizon, dans la brume, le Mont-Valérien. Souvent, le soir, par un beau soleil couchant, ce côté de Paris, inondé de lumière, était superbe à voir et ressemblait à un coin de l'Orient. Par la fenêtre de la petite cuisine, on découvrait tout Paris ; les tours de Notre-Dame, le Louvre, l'Opéra qui dépassait tous les autres monuments, les buttes Montmartre, formaient l'horizon de ce splendide panorama.

Que de fois, en rentrant de l'atelier avec
Perraud, nous nous sommes accoudés sur les
fenêtres du côté du boulevard, par une de ces
belles soirées de mai. Pendant que Mme Perraud préparait le souper, nous donnions du
pain aux oiseaux qui arrivaient voltiger autour
des fenêtres ouvertes, et, à chaque boulette de
pain jetée dans le vide, ils plongeaient et la
rattrapaient au vol. Les dimanches, rien n'était
curieux comme ces flots de voyageurs, que
jetait le chemin de fer, revenant de la campagne
chargés de fleurs, de branches de lilas, joyeux,
contents d'avoir couru les champs.

La chambre du fond était celle de Mme
Perraud, bien coquettement rangée et toute
bleue d'aspect, par l'effet des rideaux bleus
des fenêtres. Sur la cheminée, le petit buste
que j'avais fait de Perraud ; à gauche et à
droite, des porcelaines de Sèvres, données à
Perraud, quand il était du jury ; autour de
la cheminée, les portraits des parents, des amis,
entr'autres un beau portrait du père de Mme
Perraud, peint à la lumière par *Wether*. Un
lit, une armoire à glace, une table à ouvrage et
une belle gravure d'une vierge de Raphaël

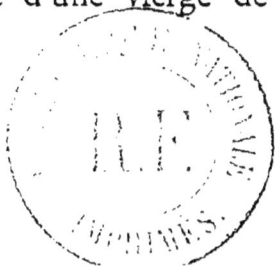

complétaient l'ameublement de cette chambre.

Ensuite venait la chambre de Perraud. Un lit dans le fond ; sur la cheminée, un petit bronze du *Faune,* deux lampes ; sur les murs, l'esquisse par *Baudry* de son tableau du Luxembourg, *la Fortune,* une copie par *Lenepveux* de *l'Ensevelissement du Titien,* un paysage de *Curzon,* quelques gravures de tableaux de *Hesse, Cabanel, Hamon,* un piano, une table chargée de livres et de papiers.

Puis, venait la salle à manger, au papier brun et au petit fourneau en faïence. Une table ronde au milieu ; dans un angle, une commode avec une petite bibliothèque chargée de livres, et, sur le dernier rayon, des petits plâtres d'après l'antique ; un masque de la *Vénus de Milo.*

Voilà le petit coin si calme, si tranquille où Perraud espérait vivre, et finir en paix ses derniers jours, avec sa chère Esther.

Si vous saviez, lecteur, combien les amis étaient bien reçus. Que de bonnes causeries, que de souvenirs du pays, que de franche gaité ces murs ont entendus.

Mai 1875.

Je venais de passer un mois avec eux. Nous avions couru Paris ensemble : l'exposition, le jardin d'acclimatation, etc. ; nous étions même allés nous promener dans les bois de Meudon.

Mme Perraud était souffrante ; le médecin la disait anémique, mais qu'un bon régime la remettrait vite. Lorsque je la quittai, elle me dit : « adieu, je ne vous reverrai pas ».

Je demandai à Perraud, qui était venu me reconduire, d'où pouvait naître ce triste pressentiment. Il me répondit que la sœur de Mme Perraud était morte subitement et qu'au moindre malaise elle se croyait perdue.

Je le quittai en lui disant : à bientôt ! car il m'avait promis de venir passer quelque temps à la campagne, chez moi.

Le surlendemain de mon arrivée à Salins, je reçus la lettre suivante, suivie d'autres que je donne :

29 mai 1875.

« Hier en vous quittant, mon cher Claudet, je rentrai doucement à la maison, je trouvai Esther suffoquant ; elle était tombée en syncope ; elle s'était mise au lit, et croyait que je ne rentrerais jamais assez tôt. Je descendis pour envoyer chercher le médecin D.... qui ne tarda pas d'arriver. Il fit aussitôt poser des sinapismes, tout en faisant avaler des additions de digitale pour remettre le cœur et en régler le mouvement.

« J'ai suivi l'ordonnance ponctuellement. Le médecin est revenu vers minuit et j'ai relayé la concierge sans avoir clos un œil. On continue à lui donner quelques cuillerées d'eau mélangée, tantôt d'une chose, tantôt d'une autre... »

4 heures après-midi.

« Tout cela, ce ne sont pas des remèdes, c'est à peine si c'est une distraction de la maladie. Je vous écris le cœur navré et les yeux pleins de larmes ; je ne peux guère compter que sur un de ces miracles les plus inattendus ; elle est presque à l'état d'agonie, la fièvre, toujours la fièvre. Depuis quelque temps, j'étais bien inquiet de sa santé ; mais comme quelqu'un qui ne croit pas le mal sans remède, j'étais loin de me croire si fatalement rapproché d'un pareil dénoûment. Vous dire ce que mon imagination a parcouru de phases diverses depuis hier soir, est inouï. Je vous écris pour me donner une espèce d'occupation forcée, car je ne sais que faire de mon corps, sinon de pleurer en cachette; je m'approche de temps en temps de son lit, elle n'a plus la force de me sourire, la voix baisse insensiblement, elle se voile. »

2 heures.

« On vient de la lever, elle est là sur un fauteuil, il est difficile de se faire illusion. Nous sommes restés seuls une partie de l'après-midi; je lui ai fait faire un tour dans les chambres pour lui dégourdir les jambes et je viens de la recoucher, elle est complétement aveugle. — J'ai passé la nuit entière à lui mettre des compresses de feuilles de laitue sur les yeux qui sor-

tent de la tête, fermés, comme les oiseaux nou-
vellement éclos, c'est épouvantable à voir.

« J'ai dit hier au docteur que si rien ne
pouvait la tirer de la situation où elle est,
c'était inutile de la martyriser, que je voulais
qu'on la laissât mourir tranquille, autant que
les circonstances le permettraient. Il m'a
répondu que le cas était assurément grave,
très-grave, mais que tout espoir n'était pas
encore perdu. Je sens bien que tout ce qui
m'entoure pourtant regarde le cas comme
désespéré. Me dit-il cela, comme les médecins
ont l'habitude, de ne vouloir jamais rien avouer ?
je ne sais. Elle est dévorée de fièvre ; de l'eau,
de l'eau comme à un incendie, point de nour-
riture d'aucune sorte, rien ne passe...... »

4 juin, 11 heures.

« .... Esther se meurt, elle sera probable-
ment morte au moment où vous recevrez cette
lettre. L'enflure descend sur la poitrine ; arrivée
à ce moment, ce sera la fin. Me voilà bien !.....

« .... Je continue où je me suis arrêté dans
ma lettre. — Je l'ai aussitôt fait administrer, —

l'extrême-onction, — j'ai prié le curé de venir
de suite la communier ; elle en a manifesté une
joie indicible ; cependant il était temps, le délire
l'a prise et elle se levait sur ses genoux sur son
lit. Un état de prostration ne tarda pas à s'en
emparer, elle est tombée sur un oreiller, la tête
un peu contre le mur, où elle est encore ;
elle a dormi avec un certain empressement, et,
de onze heures du soir où j'ai repris ma faction
solitaire, à deux heures, les avant-coureurs du
râle se sont fait sentir ; je tenais sa main en
fièvre dans la mienne ; elle ne voyait plus
clair d'aucun œil depuis trois jours, et, depuis
bientôt douze heures, elle n'avait plus sa connaissance ; à cinq heures, un râle affreux lui a
duré trois heures et quart, au bout duquel elle
a exhalé sa douce et angélique âme. Au dernier soupir elle a rendu des flots et des cail-
lots de sang noir, et l'éternité commençait pour
elle. C'est le spectacle le plus affreux, la chose
la plus inouïe, la plus extraordinaire qui se
soit jamais pressentie.

Les funérailles se feront demain vendredi à
dix heures. Vous comprendrez cette fois, moi je
ne compte plus.... C'est moi qui l'ai veillée vi-

vante de onze heures du soir au matin et personne n'y touchera avant qu'on la mette
dans la bière..... »

Paris, 11 juin 1871.

« Je me suis complu mieux que partout ailleurs, à me débattre dans le vide, à lutter dans
le vide pour m'y faire, pour m'habituer à en
vivre. Je suis bien puni d'avoir rêvé des choses
insensées qui ont tant influencé sur ma vie,
quand le bonheur était si près de moi. Ce
bonheur s'était fait presque malgré moi, la
chose aveugle qui nous mène, avait eu plus de
clairvoyance et plus d'intelligence que moi. Moi
aussi j'avais rêvé la fortune, et le prestige qui
s'en suit, imbécile ! Que de choses, mon ami,
il faut reprendre, il faut refaire dont j'avais
perdu l'habitude. Il y a beaucoup de femmes
qui ont plus d'esprit, de babil, de répartie
qu'elle n'en avait; peu ont, au même degré,
autant de sens commun et de cette exquise
délicatesse d'instinct naturel ! Au premier coup
d'œil, elle jugeait non-seulement si j'avais été
contrarié en rentrant, mais s'il convenait

qu'elle me fît des questions ou non, pour ne pas me contrarier davantage.

« Vous me demandez ce que je compte faire et comment j'entends m'arranger pour ma gouverne. Je vous dirai que je n'en sais absolument rien. Pour le moment, la portière fait mon ménage et mon déjeuner.

« Si j'avais un enfant, fille ou garçon, ah ! certes, je n'hésiterais pas : pour le moment j'en suis, au provisoire, le plus strict nécessaire. Les premiers jours, tout le monde vous accable et vous persécute de dévouement ; au bout de huit jours, tout est éteint, on ne voit plus ni n'entend plus parler de personne. — Voilà le temps bien avant gâté, je vais reprendre mon petit train train d'atelier et me débarrasser de toutes ces saletés. Il m'était si doux de vivre avec cette créature du bon Dieu (qu'il a si maltraitée) que partout où je me trouverais sans elle, ce serait une peine de plus pour moi. Dans ma famille, on me réclame aussi, mais rien ne me tente. Le mieux est encore de rester à l'atelier, de s'occuper, plutôt que d'aller porter en baillant son ennui par monts et par vaux.

« La photographie de l'album, la seule et

unique que j'aie, est déjà bien pâle ; je vais m'efforcer de faire un médaillon.

Lundi, 28 juin, jour anniversaire de notre mariage.

« Je passe mon temps entièrement seul, j'aime mieux ça que de m'entendre donner des conseils sur la manière de régler ma vie ou de m'entendre dire : du courage, c'est-à-dire n'ayez de sentiment non plus qu'un veau ; comme qu'il en soit, il faut y passer de gré ou de force et se consumer tant qu'il reste la moindre flamme.

« J'arrive du cimetière, j'ai vu le trou béant pour engloutir cette si frêle créature, et moi à mon tour. Je voulais passer une heure et demie dehors, en moins d'une demi-heure, je ne savais plus que faire de moi, je suis rentré ; cependant les cimetières de Paris sont comme en fête le dimanche, il y a du monde comme dans les promenades, les uns affectés de pertes récentes, et d'autres sont là comme partout ailleurs, en curieux oisifs. »

6 novembre.

« Le 23 de ce même mois, j'ai été au cimetière assister à cette exhumation du caveau provisoire pour mettre les restes de ma bien-aimée femme dans sa dernière demeure ; je l'ai vue murer dans sa case où j'irai la rejoindre. Cette opération devant se faire à un jour particulier et à une certaine heure du matin, j'avais été prévenu la veille, et ma nuit avait été si pénible, que le matin, en présence de ce cercueil, j'étais comme hébété. »

Il me reste à vous raconter les quinze derniers mois de la vie de Perraud. La mort de sa femme l'avait frappé au cœur ; il se remit lentement au travail ; il finit son *saint Denis* pour le Panthéon ; il m'écrivit à ce sujet :

« Je pense à mon grand diable de *saint Denis*, comme un cheval de fiacre pense à son écurie qui reste à l'état de rêve pour lui. Que faire faire à un évêque, qu'il soit saint Claude ou saint Denis, sinon de les faire bénir ? Depuis le temps qu'ils bénissent, ces bénisseurs, ils n'ont pas avancé à grand'chose, ils devraient bien

faire autre chose ; mais si on leur demande, ils
répondent, comme ces pleutres d'ouvriers : ce
n'est pas notre partie. Si d'autres, moins obsti-
nés, plus dociles, veulent bien essayer de faire
autre chose, on ne sait plus ce que c'est, ni ce
qu'ils veulent dire ; on ne les reconnaît plus.
Pourtant, il faudra bien faire autre chose. La
légende ne dit rien du tout, absolument rien,
sinon que tout est incertitude, à l'égard de cet
apôtre parisien.....

« J'ai fait et refait l'esquisse de mon *saint
Denis*. Il est trouvé à peu près, comme je le
désirais. Il me semble assez bien ; il n'y a plus
qu'à le terminer dans la donnée qu'il est. Seulement, il ne m'entraîne pas. Mais j'ai pris un
parti pour le tirer de cette banalité de bénisseurs, de lui faire faire un grand geste, des deux
bras. »

Cette statue est d'un grand caractère, et s'har-
monisera bien avec l'architecture du monument.
On est en train de finir l'exécution en marbre.

Perraud faisait aussi terminer le marbre de
son bas-relief des *Adieux*, œuvre de sa jeunesse.
qu'il estimait beaucoup et à juste titre.

« Charles Blanc m'a fait ces temps derniers

« une surprise qui m'a causé un sensible plaisir :
« Je voudrais, m'a-t-il dit, voir ce bas-relief en
« marbre : je vous donnerai le marbre pour
« l'exécuter. » Vous devez penser si cela m'a
fait plaisir, en songeant que j'allais sauver d'une
destruction prochaine, infaillible, une de mes
œuvres principales, qui ne pouvait guère avoir
d'autre sort que d'aller pourrir après moi contre un mur de jardin.

« Quand je verrai cette plaque de marbre
dans mon atelier, bien qu'il n'y ait aucun
avantage pécuniaire à espérer, je serai le plus
heureux des hommes, je n'aurai jamais été si
satisfait, parce que je verrai en perspective l'œuvre de ma vie prendre une certaine physionomie. Viendront ensuite des petits projets de bien
moindre importance, qui peuvent offrir quelque
intérêt et que j'aurai plaisir à faire. Il y a de la
besogne toute tracée pour longtemps ; me voilà
vieux sans m'en être douté. »

Voici le sujet du bas-relief : un vieillard
aveugle, assis sur un siége antique, tend les
bras à son fils qui va partir. Le jeune guerrier
est dans une attitude qui indique une douleur
profonde ; sa sœur, appuyée sur lui, cache sa

tête derrière son épaule pour pleurer et lui tient la main, en signe d'adieu.

Un jour, *Rosa Bonheur*, entrant dans l'atelier de Perraud, lui dit, en désignant le bas-relief : « Je ne connaissais pas ce *Phidias*. »

Cette belle œuvre figurera au salon de cette année, et le plâtre ira au musée de Lons-le-Saunier.

A la suite de nouvelles lettres toujours de plus en plus désespérées, je cherchais à lui remonter le moral ; mais tout ce qu'on pouvait dire n'était rien à côté d'une douleur pareille. Il me répondit une nouvelle lettre qui est un petit chef-d'œuvre de sentiment, la voici :

« Vous voyez, mon ami, que je suis assez mal hypothéqué ; ma joie a été de si courte durée dans le temps que la Providence m'a accordé de vivre ; si je suis arrivé au terme de ma carrière, je suis prêt et résigné, puisque je n'ai plus rien pour me faire aimer et pour m'attacher à la vie.... Je crois toujours qu'elle va entrer, en voyant ses gants qu'elle a posés, en rentrant, sur les livres de cette petite bibliothèque le jour du jardin d'acclimatation.... Quand je pense à tous ces jours qui ont précédé cet événement

si près , et que je ne soupçonnais pas ,
jamais je ne parviendrai à m'en bien convain-
cre , à m'y résigner. Cette chambre toujours
fermée où je n'entre que par nécessité , me
navre..... Ah ! mon ami, la vie est entièrement
dénuée d'intérêt et de charme pour moi. Je suis
comme la feuille d'arbre en la saison où les
fruits sont tombés. Je n'abrite plus rien ; je
demeure, en attendant que le vent d'automne
m'emporte.

« Je suis bien sensible à tout ce que vous me
dites d'affectueux et à vos bons souvenirs, que
j'apprécie infiniment, parce que je vous aime
bien et qu'il n'y a vraiment que ce qui nous
vient de ceux que nous aimons qui nous touche
sérieusement. Telle est la place que vous occu-
pez dans mes pensées : car, hélas ! indépendamment de l'intérêt que vous nous inspiriez
déjà, vous êtes lié à un si gros événement de
ma vie, que vous vivrez au milieu de ce souvenir, tant que mon cœur n'aura cessé de bat-
tre ; votre présence ici a été la lueur de mes
derniers beaux jours.

« Vous m'exhortez à la patience, à la longueur
du temps, pour me faire à ma situation. Je suis

aussi philosophe qu'on peut le souhaiter, s'il ne s'agit que de raisonner ; mais je suis de ma nature le moins organisé pour l'être.

« Je n'ai jamais été qu'un enfant, en ce qui me concerne particulièrement ; quand je dis un enfant, je pourrais dire une petite fille, tant j'ai toujours été dévoré d'un besoin de tendresse, soit d'en recevoir ou d'en prodiguer, et j'en ai été privé toute ma vie. Je me rappelle encore, pendant que j'étais enfermé dans une de ces cellules, le dimanche, et que j'entendais les joyeux cris argentins des jeunes personnes qui se rendaient en famille faire un goûter dans quelque coin ombreux de la campagne, combien ces petites choses qui n'étaient rien par elles-mêmes, combien mon imagination les embellissait et leur prêtait d'éclat ! Les martinets qui tourbillonnaient autour de moi dans ces cours noires et profondes, avec leurs cris stridents et tristes, me pénétraient l'âme.

« J'ai vu ces scènes se renouveler à tout âge, sans y prendre part ; je les revois encore, ces familles, avec leurs jeunes et charmantes personnes auxquelles les illusions de l'âge prêtent tant de charme, se rendant aux gares, le dimanche,´ tout habillées en fête et la gaieté, la joie de vingt ans dans le cœur. A mesure que le temps multiplie les jours, les semaines et les mois de ma triste solitude, il creuse et en élargit le vide.

« Non, mourir quand on a passé le seuil de la vieillesse, c'est une chose prévue, on s'y attend ; mais se voir ravir un être sur lequel on comptait pour vous survivre, sans causes apparentes, à l'âge où l'on sait le mieux apprécier la vie, quand on l'a traversée péniblement et qu'on est arrivé au port pour goûter en paix le souvenir de tant d'agitations, non, on ne peut s'y faire, on ne peut croire ni se résoudre à cette fatale réalité.

« J'ai la nostalgie de je ne sais quoi, ma vie est indéterminée, sans but ; j'ouvre les bras pour étreindre quelque chose et je n'embrasse que le vide et je ne serre rien. Je me mettrais volontiers à braire, comme un *âne* attaché au piquet pour dire quelque chose ; je suffoque de ne jamais rien dire.

« La femme de ménage qui est autour de moi et qui y met toute la bonne volonté possible, bien qu'elle soit de la ville de Chartres, si l'on oublie de penser à qui on a à faire et qu'on

8

ouvre la bouche, elle semble vous y jeter de la saumure. On imaginerait difficilement ce que c'est que la privation d'exhaler le propre de sa nature, de son essence, du trop plein qui étouffe ! Si mon sort est de traîner le reste de mes jours aussi tristement, ça ne sera pas par goût, ni de ma propre volonté, car l'existence que je mène depuis vous, est intolérable et le temps n'y fera rien.

« Que voulez-vous que je fasse ? Je ne suis plus d'âge à courir les rues de Paris les nuits d'hiver, pour me distraire, ni d'aller faire des parties d'enfant chez les amis qui ont de la famille. C'est bon une fois par hasard. Rester seul au coin de mon feu, dormir dans un fauteuil ou dormir dans son lit, c'est tout un, puis se réveiller à onze heures et demie et passer le reste de la nuit blanche, sans entendre respirer âme qui vive, et demain encore et toujours jusqu'à la fin.......

« Merci de vos bontés, de la peine que vous prenez pour moi ; votre vieux Perraud vous embrasse affectueusement.... »

J'arrivai à Paris les derniers jours d'avril 1876. J'allai voir Perraud de suite. A peine étais-je entré chez lui qu'il me dit :

« Venez que je vous montre où est Esther. »

Le cimetière Montparnasse n'est pas loin de son atelier, nous nous dirigeâmes de ce côté. J'achetai une couronne funéraire, il me dit : « Pourquoi faire ? j'ai fait un monument en forme de toit, parce que quand je serai mort, personne ne viendra nous voir, il n'y a donc rien pour accrocher un souvenir. »

J'achetai une seconde couronne que je reliai à la première avec une corde et je lui montrai que sa précaution était inutile, que j'avais trouvé un moyen de faire tenir sur la tombe mon souvenir.

Il me dit: « J'ai choisi ce petit coin parcequ'il me plaît, j'aime à être tranquille. » On parle en ce moment de lui faire, plus en vue, un monument ; je préfère celui où il est pour deux motifs: c'est qu'il est simple et de bon goût (1) et que c'est lui qui a choisi l'emplacement, et que les

(1) Il a été fait par M. Vaudremer, architecte.

amis et admirateurs du grand artiste le trouve-
ront bien quand ils voudront le voir.

Il avait exposé cette année, 1876, un beau
buste en marbre de son ami Pasteur, notre
grand savant franc-comtois, ainsi que mon
buste en bronze (tout fier que j'étais de figurer
en si belle compagnie.)

Le jour de l'ouverture du salon, j'y allai avec
lui, il faisait un temps affreux, on se bousculait
aux portes pour avoir sa carte ; quand Perraud
demanda la sienne, un employé de l'adminis-
tration des Beaux-Arts lui répondit : Monsieur Perraud, peintre, sculpteur, ou gra-
veur ?

« — Echinez-vous donc à vous faire un nom
pour qu'on vous fasse une question pareille, me
dit-il, en riant.

Pendant le peu de temps que je restai avec
lui, je le fis sortir un peu ; depuis la mort de sa
femme, il n'avait bougé de chez lui : il me
disait: « Je vais de mon lit à mon atelier et de mon
atelier chez nous, je ne déroge à cette régularité
que l'après-midi du samedi, pour la séance de
l'Institut. » Nous allâmes même nous promener
à la campagne ; il était redevenu un peu plus

gai et il riait encore en racontant de vieilles histoires du pays.

Dans ce moment, il surveillait l'exécution de son bas-relief. Puis, dans ses moments perdus, il cherchait à faire son buste ; j'en profitai pour en faire un de lui, dont le marbre est au salon de cette année. (1877).

Dans les derniers jours de mai, je me disposai à quitter Perraud. Je devais partir par l'express de 8 heures du soir ; ce jour là il allait à l'Institut ; il me dit : « Venez me prendre, à la sortie à 4 heures et demie. » Je le trouvai dans la cour qui causait avec de ses collègues.

« Venez, me dit-il, je vais vous montrer le lieu de nos réunions. » Nous entrâmes dans la salle des séances : —«Voilà ma place », me dit-il. Nous regardâmes les bustes des académiciens; il me fit passer dans la bibliothèque où se trouve la statue de Voltaire, nu comme un romain, décharné comme un squelette, œuvre étrange du siècle passé.

En sortant de l'Institut, nous longeâmes le quai et nous reprîmes la rue *Bonaparte*, en passant devant l'école des Beaux-Arts.« Avez-vous vu l'Hémicycle ? » me dit-il. — Non... Il se fit ouvrir et nous regardâmes longtemps l'œuvre de *Delaroche*,« — c'est pour moi,dit Perraud,le plus beau morceau de l'école moderne ». Nous redescendîmes dans la cour, il me mena dans un coin, et, me désignant du doigt une fenêtre, il me dit: « C'est là que j'ai gagné mon prix de Rome ». Puis il s'arrêta de nouveau, au milieu de la cour, en la regardant bien : « que c'est beau ! ça me rappelle un petit coin de Florence, et les beaux jours de ma jeunesse. »

En sortant de l'école, nous remontâmes la rue Bonaparte ; arrivés à la place St-Sulpice, où je demeurais, je l'embrassai et le quittai ; je ne devais plus le revoir.

Au mois de juillet, il m'écrivit cette lettre où l'on retrouve un moment sa verve railleuse pour retomber de suite dans sa tristesse profonde :

« Mon buste est moulé, il sera signé de Reylard, Cambos, Claudet, Gerard, Granet, Lefranc et de LUI, et sera exposé, sous le nom du Père Joseph, parce que Pasteur trouve que j'ai arrangé la vareuse comme le collet d'un *dominicain. Il réjouit tous ceux qui le regardent.* Il est décidément pas mal réussi.

« Pendant ces temps de chaleur, pour ne pas
me coucher de jour et pour ne pas suer sous
l'abat-jour de la lampe, il m'arrive quelquefois
de descendre en bas et de m'asseoir dehors, au
café, pour tuer le temps. Si D... que vous
connaissez, ou bien encore la vieille M...., que
vous voyez de la fenêtre en train de faire pisser
sa petite chienne havanaise, viennent à passer
l'une ou l'autre, je les invite à s'asseoir, une à la
fois seulement ; car elles ne sont pas au mieux
ensemble, et celle qui se trouve être avec moi,
passe tout le temps à trahir les confidences
qu'elle a surprises aux autres. D... me raconte
ses histoires par vanité ou pour s'en faire va-
loir ; tandis que la vieille me raconte le temps
où T... et tant d'autres couchaient avec elle et
de la façon dont elle les a fait cracher au
bassinet pour s'en faire trois mille livres de
rentes, avec plus d'agréments que si elle
avait élevé des lapins. Les deux premières me
disent qu'elles seraient très volontiers disposées à faire bon ménage avec moi. M.... qui
a encore ses numéros 1, 2 et 3 attitrés, voudrait
seulement me faire faire connaissance avec
une de ses amies qui a eu des malheurs, mais

qui a infiniment d'esprit et de distinction, et je lui dis : Comment pouvez-vous savoir tout ça ? et, sans comprendre ma question ironique, elle me répond naïvement que c'est parce qu'elle la connaît depuis longtemps et qu'elle était avec un savant qui est mort subitement sans avoir eu le temps de lui donner ce qu'il lui avait promis. Quelquefois elle est en ribote et bavarde à tort et à travers.

« Tout me pousse dehors de chez moi, rien ne m'y attire, à aucun moment ; maintenant que cette chambre reste ouverte pour la libre circulation de l'air, tout se ravive avec plus d'intensité que jamais : je ne peux ni ouvrir, ni fermer une porte ni ma vue se porter nulle part, sans que son image soit toujours présente à ma pensée. Je passe mes après-midi du dimanche au cimetière, je vais d'un côté m'asseoir, je reviens auprès d'elle; je retourne autre part, pour y revenir encore ; je mets mon oreille sur la pierre pour écouter si je n'entendrais pas un écho mystérieux. Rien, rien, que le silence de l'éternel néant : — Mon ami, dans ces mille et une idées qui assiégent une cervelle malade où l'imagination galope la bride sur le cou, pour se distraire et détourner la vue du gouffre sans fond où l'on ne trouve ni bord ni appui, j'avais imaginé par vos aimables invitations d'aller me reposer à l'air pur de votre habitation. »

Je lui avais écrit de venir passer quelque temps chez moi ; que sa chambre était prête, qu'il trouverait le repos, la tranquillité ; il me répondit qu'il ne voulait pas sortir de Paris, puis il me donna la page suivante sur la vie de province, qui est charmante d'observation et de vérité.

« Je songeais ces jours derniers à tout ce que la vie de province dessèche et dépouille d'illusions. A Paris, n'est-on pas enchanté, à chaque instant, de voir passer une belle personne devant soi, bien mise, qui porte bien sa toilette et tout le monde sait qu'elles sont sans rivales sur le goût. Une parisienne flaire d'une lieue un chapeau qui n'a pas été fait chez la bonne faiseuse, un brimborion qui sort de la boutique de la rue Dauphine, avec les environs de la rue de la Paix. Selon l'heure de la journée, telle personne, de telle proportion, de tel galbe, vous plaît mieux qu'une autre, vous ne la connaissez pas, ne

savez ni d'où elle vient, ni où elle va ; votre
imagination s'emballe, trotte après elle, vous
vous détournez encore et vous lui prêtez tous
les charmes de l'intelligence que sa perfection
physique vous inspire ; vous faites un rêve, en
passant, fugitif il est vrai, mais parfois aussi
enivrant que celui que vous éprouvez en res-
pirant la fleur que vous préférez. Dans vos
petits pays, quelle que soit la personne, homme
ou femme que vous rencontrez, vous ne voyez
que dédain sur les lèvres et dans les yeux de
chacun parce que ce Monsieur, cette Dame,
cette Demoiselle qui étaient pauvres alors, le
grand'père s'est enrichi frauduleusement ; les
autres ont fait faillite ; après l'incendie, ils ont
été indemnisés outre mesure, ou telle mère a
fait telle et telle chose pour permettre à sa fille
de porter un tel état. Ne dirait-on pas de la
noblesse ? nous qui avons vu son père compter
les cochons et les vaches qui entraient sur le
champ de foire ! On cite telle turpitude attribuée
à un de vos ancêtres qui était coutelier ou
n'importe de quel métier, qui vivait avant la
révolution, qui sert d'estampille à toute la
famille, ce qui prouve évidemment que vous

n'êtes et ne serez jamais que des crétins idiots. Allez donc vous monter la tête avec des réquisitoires si bien tenus. Si l'on voulait fouiller tous les ridicules dont chacun est affublé, en particulier, personne ne serait digne d'être exilé dans la Nouvelle-Calédonie. Voilà pourquoi Paris possède tant de charmes dont on ne sait pas se rendre compte, et ils sont innombrables ! »

J'écrivis à Perraud, au mois de juillet 1876, que je venais d'apprendre avec joie, par M. Pasteur, son arrivée au pays. Je lui redis de nouveau que sa chambre était prête, qu'il y avait autour de la maison un bosquet, de grands arbres, de l'eau, des fleurs; qu'il pourrait s'y reposer, qu'il trouverait le calme et que nous nous faisions fête de le voir arriver. Il me répondit la lettre suivante ; ce fut la dernière que je reçus de lui :

Dimanche, 23 juillet 1876.

« Je m'empresse de vous répondre, mon cher Claudet, sur ce que l'on vous a rapporté de mes intentions, que je suis encore plus

indécis maintenant qu'au mois de mai. Mais
indépendamment de ma bonne volonté, du
désir de faire diversion à mes idées, je ne
me porte pas bien. J'ai des étouffements, des
suffocations, de la peine à respirer et de vio-
lentes palpitations de cœur ; ma bouche ne se
guérit pas, j'en souffre cruellement ; s'il faut
en arriver à l'opération de Cabet, j'aime mieux
me laisser miner par la marche lente de la
maladie. Je vous écris le pied sur une chaise
avec une nouvelle crevasse qui me donne des
élancements à me faire tressaillir ; tel est à
peu près le bilan de ma situation en ruine. J'ai
dit à Pasteur qui m'engageait à les accompa-
gner, toutes les raisons qui m'en rendraient
le séjour plus pénible que récréatif ; il a eu l'air
de les comprendre ; il a véritablement été bon,
affectueux, compatissant.

« Je lui ai répondu en dernier lieu, qu'à un
certain moment, j'irais, *peut-être*, faire un petit
tour auprès de lui. — Ecrivez-nous, reprit-il,
afin que nous nous trouvions là et que vous
n'arriviez pas pendant que nous serions en
excursion. — Oui, c'est cela, je vous écri-
rai..............

« Je travaille le matin ; dans l'après-midi le soleil entre en plein dans mon atelier, c'est un véritable four, la tête m'y tourne, ce n'est pas possible pour moi d'y tenir. Je passe tout mon temps assis à l'ombre sur une couverture étendue comme une natte sur le pavé, semblable à ces idiots de santons à la porte des mosquées de l'Orient, causant aux passants et roupillant en leur absence. C'est ainsi que je recevais des visites des postulants académiciens libres, Du Sommerard, Reiset et Perrincroissette : ainsi Diogène en usait avec Alexandre.

« Je ne sache pas qu'il y ait au monde d'endroit où la chaleur soit aussi insupportable qu'à Paris. Tous les matins, la ville est couverte d'une espèce de brume chaude, épaisse, qui noie Montmartre et le Mont-Valérien, qui promet quelque chose de soigné pour une heure de l'après-midi.

« B.... et sa femme voudraient m'emmener à La Rochelle. D.... attend le retour de ses sœurs pour aller loger à l'hôtel de la Chancellerie le plus rapproché du palais de Fontainebleau; où l'on boit de l'eau aussi chaude que celle du bassin du Luxembourg et le vin encore un degré de plus, et veut m'emmener avec eux ; il y a gros à parier que je resterai où je suis, tout tranquillement. Il vient dîner le dimanche et le mercredi ; en l'absence de ses sœurs, je profite de cette occasion pour boire une de vos bouteilles du père *Coco*, qui nous tape dessus la tête.

« Mercredi dernier, j'ai été plus d'une demi-heure si abruti de sommeil, que je n'entendais plus ce qu'il disait malgré tous les efforts que je faisais pour me pincer et changer de place. On passe son temps comme on peut. Je n'ai rien de nouveau sur le tapis, ni à côté de moi, ni nulle part ailleurs ; tout le monde part à la campagne ou s'apprête à partir, on ne saurait s'imaginer la fantaisie obligatoire que tout bon parisien s'impose pour ne plus savoir vivre qu'à la campagne. »

D'après la lettre qu'on vient de lire, le lecteur jugera que Perraud fut, toute sa vie en souffrance. Catarrhe, rhumatisme, diabète l'arrêtaient ; plus l'âge avançait, plus ses maux s'aggravaient.

Perraud s'affaiblit au moral et au physique. Dans les premiers jours de septembre, on s'aperçut qu'il s'exprimait difficilement, qu'il perdait la mémoire ; il disait même *qu'il était dans un état qu'il ne pouvait s'expliquer*. Il continuait à travailler malgré cela, quand, le 14 octobre, un samedi, il eut, à l'Institut, une attaque de paralysie de tout le côté droit. On dut le ramener chez lui.

Voici ce que m'en écrivait M. Pasteur, son ami, encore ému du triste événement :

« Perraud est perdu, perdu sans aucun espoir. Je suis arrivé lundi soir, et mardi je l'ai vu ; il m'a dit un ou deux mots bien nettement prononcés et bien intelligents, mais un ou deux seulement ; le mercredi, aggravation sensible ; le jeudi, aggravation plus grande. Le vendredi, il était levé, assis dans un fauteuil, entièrement paralysé d'un côté. Depuis lors il a gardé le lit, et les yeux fermés ; il ne mange rien du tout. Depuis vendredi, de temps à autre, une lueur d'intelligence apparaît encore dans ses yeux, qu'il ouvre par moment pour les refermer bientôt. On ne peut savoir s'il a encore quelque connaissance ; je crois qu'il en a eu cependant par intervalle.

« Le médecin a perdu tout espoir et annonce un dénoûment fatal d'ici à fort peu de jours, deux ou trois. Il est entouré des soins les plus dévoués de ses amis, de ses voisins..... »

« Espérons encore, mais hélas ! voilà l'aigle arrêté dans son vol ! »

Il s'éteignit jeudi, 2 novembre, à 8 heures et demie du soir, à l'âge de 57 ans. Tout ce que Paris compte d'illustre dans les arts, les lettres, les sciences, l'accompagnèrent à sa dernière demeure. Trois discours furent prononcés : le premier, par son collègue, M. Meissonnier ; le second, par son ami, M. Pasteur ; le troisième par son compatriote M. Camille Prost, maire de la ville de Lons-le-Saunier.

Il repose au cimetière de Montparnasse, près de sa chère Esther !

J'étais, il y a bientôt 15 mois, à Paris, rue Vavin, dans une petite chambre, au quatrième. Après souper, à la lueur d'une lampe dont l'abat-jour représentait le *Colisée* au clair de lune et l'église *Saint-Pierre* de Rome, Perraud, ayant vidé son dernier verre de vin du Jura, se leva, ouvrit un tiroir, y prit une liasse de papiers, revint s'asseoir et me dit avec son charmant sourire : « Je vais vous lire quelques pages de mes mémoires ; j'ai fait comme *Benvenuto*, je raconte ma jeunesse, mes premières luttes, mes relations avec les grands artistes de mon époque, mes jours de bonheur avec ma femme..... (1).

Il commença.

C'est d'après ce récit et sa correspondance, que je viens de vous faire son histoire.

Toute la vie de Perraud se résume en ces deux mots : travail et souffrance. Mon *Désespéré*, c'est mon histoire, disait-il :

Ahi, nul altro de pianto che mondo duro.

Si la France et le Jura viennent de perdre un grand homme, moi je perds un maître et encore plus, un ami.

Le lecteur sera peut-être curieux de connaître quelques appréciations que Perraud m'écrivait sur l'art, c'était en même temps de bons

---

(1) Les mémoires de Perraud seront publiés, je l'espère !

conseils qu'il me donnait. Chacun sait que Perraud a presque toujours fait partie du jury depuis 1864 ; *About*, un de nos meilleurs critiques, ne dédaignait point de s'inspirer de ses avis, dans ses remarquables *salons*.

« Un soir que Courbet avait bien voulu daigner, par désœuvrement, causer un peu avec moi, il me disait : « Avec notre civilisation, nos costumes, nos besoins, il n'y a plus rien à faire en sculpture ; nous n'avons plus rien qui se rapporte à son utilité. Ah ! Si ! Il y a peut-être encore à décorer des cheminées. Pourquoi ne faites-vous pas des cheminées ? faites-en donc. » Voilà pourquoi sans doute, il trouvait la Colonne inutile. »

Perraud ne pensait pas tout à fait de même du rôle de la sculpture ; écoutez :

« La sculpture, comme l'architecture, a pour but de faire pénétrer dans le goût public et dans les nations civilisées, un grand instinct d'élégance dans la vie. Indépendamment des sensations qu'elles peuvent produire sur de puissantes et riches intelligences, capables de les apprécier, le goût se prolonge d'une chose à une autre dans l'industrie, jusque dans le verre où vous buvez,

dans la tasse à café, jusqu'à une paire de ci-
seaux ; c'est avec cette commodité élégante que
les peuples se font concurrence sur les grands
marchés de l'univers, et c'est à ce titre que la
France l'emporte sur les autres nations avec des
matières premières inférieures aux autres, mais
d'un meilleur goût.....

« Que l'on soit descendu des hauteurs du
Pinde où l'on s'obstinait quand même à rester,
pour entrer un peu plus dans la vie réelle, on a
très bien fait, mais comme toutes les oscilla-
tions humaines, une fois l'élan donné, on arrive
à l'excès contraire. Chaque chose dans la nature a un rôle à remplir qui lui est plus ou
moins circonscrit. Vous ne ferez pas que les
diamants et les pierres précieuses deviennent
jamais des boutons de culottes de ramoneurs ;
attendez l'art architectural adapté aux chau-
mières. Il y a des arts qui sont essentiellement
d'essence divine ; héroïques, leur but est d'élever. La sculpture tient surtout à l'architecture,
parce qu'elles se prêtent un mutuel appui et
qu'elles se complètent l'une par l'autre et parce
qu'aussi la sculpture forme par elle-même, au
besoin, un monument complet. La peinture, au

contraire, peut rendre les impressions les plus diverses, elle peut faire une vieille femme décrépite, ramassant des brindilles encore plus misérables qu'elle, mais cette scène se passe dans la nature, dans une belle forêt, au lever ou au coucher du soleil, ou en plein midi, pendant un orage ; l'atmosphère ennoblit tout et complète la pensée. La sculpture est patricienne ; elle ne peut devenir démocratique que comme monuments nationaux et presque toujours sous forme allégorique. C'est une inscription cosmopolite qui a ses lois, sa tradition, fondées sur le sens commun. Je sais bien qu'outre les lois du grand art, il y a la fantaisie, le caprice qui sont quelquefois curieux, amusants et même intéressants. Mais en sculpture, l'idée est tellement circonscrite qu'elle n'est pour ainsi dire rien par elle-même, c'est sa forme, sa façon qui la rendent quelque chose : sans forme, ce n'est rien. Ce bavard de Proudhon, si fort, si hardi d'aperçus parfois, n'a vu dans les artistes que des choses à inspirer la débauche, au lieu d'y voir la plus grande source, la plus morale, de l'économie politique. »

« .... Ce n'est qu'en vous attachant à être

rigidement scrupuleux et à être précieux en tout
que votre art vous amusera. Efforcez-vous de
plaire aux difficiles, et vous découvrirez dans la
nature des choses qui vous sont encore incon-
nues jusqu'à ce jour. Vous verrez quelle source
de jouissance vous vous procurerez ; mais pour
cela rappelez-vous qu'il faut se mettre à genoux
devant la nature ; il faut aimer sa passion jusqu'à en devenir mélancolique pour se plaire
dans la solitude. Ce qui vous est nécessaire
(à mon avis toujours) pour retirer un bon
fruit, c'est de vous mettre aux prises avec un
travail quelconque, mais très sérieusement,
et de vous acharner à découvrir un but pour
arriver à voir. C'est lorsqu'on tient le taureau
par les cornes que l'on devine à qui on a
affaire. C'est à mesure que l'on a des œuvres
sur le métier que l'esprit s'ingénie pour faire
et chercher les comparaisons les plus élevées,
pour se rapporter à ce qui nous occupe pour
le moment. Cela reste une chose véritablement
acquise ; après celle là, une autre, et ainsi de
suite. Voilà comment on augmente son capi-
tal........ »

Puis il terminait ses bons conseils par une

boutade joyeuse, comme celle qui suit :

« Je suis bien aise de recevoir vos lettres,
le doux souvenir du pays, du printemps de ma
jeunesse : seulement vous êtes d'un laconique
comme une inscription latine.... »

« De temps en temps, nous fêtons votre bon
vin, on en fait l'éloge ainsi que de vous, naturellement; mais on ne pense pas seulement à vous
que dans les moments où l'on ouvre le bec à
vos provenances ; seul avec Esther, au coin
du petit poële, pendant les veillées, nous cau-
sons souvent de vous, de votre habitation; quand
je vois la neige tomber à travers les vitres, je dis,
il doit y en avoir à *Remeton*, et la bise de
Roche-Pourrie doit souffler aigrement sur le
seuil de sa porte et contre la fenêtre de son
atelier. Ce père Claudet doit étendre ses mains
sur le poële comme le patriarche Isaac, lorsqu'il
bénissait Jacob déguisé en ours, qu'il avait
pris pour Esaü. »

Sur la fin de 1869, Perraud qui avait toujours
désiré voir ses *modèles* au musée de *Salins*,
(ville où il avait été cinq ans *apprentif* avait
offert gracieusement plusieurs plâtres pour

commencer la collection. Le maire, M. *Alfred Bouvet*, négociant, *accepta les plâtres qui encombraient l'atelier de Perraud*, comme il le dit dans sa grotesque brochure justificative. Cet ex-candidat à la députation, étant complétement dénué d'instinct artistique, laissa passer les mois, les années et n'y pensa plus. Que les Salinois lui pardonnent !

La ville de Lons-le-Saunier, qui désirait depuis longtemps cette collection et qui l'avait demandée plusieurs fois, revint à la charge.

Perraud, ne voyant rien venir du côté de Salins, se décida pour Lons-le-Saunier.

Le maire, M. *Camille Prost*, et le conseil municipal votèrent des fonds pour l'installation du musée. Les salles furent disposées suivant le désir de l'artiste. M. *Z. Robert*, l'infatigable conservateur du musée, organisa le tout.

La mort de Perraud arriva sur ces entrefaites ; les héritiers, Mesdames *Lambert* et *Dévigne*, sœurs de l'artiste, s'empressèrent de donner tous les plâtres qui restaient dans l'atelier de Perraud.

La ville de Lons-le-Saunier possède donc un musée aussi précieux, aussi rare que celui de *Pradier* à *Genève* et de *David* à *Angers*.

Pour terminer, résumons les œuvres du grand artiste et ses récompenses bien méritées :

Le *Faune, Orphée,* deux chefs-d'œuvre dignes des plus belles places au Louvre ; *Les Adieux ; le Jour ; sainte Geneviève ; Galathée ; saint Sébastien ; Madeleine ; le Drame ; Lalande ; Mansard ; général Cler ; les Guerriers,* du Louvre ; les statues du Tribunal de commerce et de la Bibliothèque ; *saint Denis ; Vénus à l'Amour ;* les bustes de *Dumont, Berlioz, d'Olivet, Didot, André, Béranger, Pasteur, Schnetz, Beethoven, Delorme, Beulé, Galibert, Boiteau, Claudet, etc.*

Prix de Rome, 1847 ; médaille de première classe, 1855 ; rappel de médaille, 1857 ; chevalier de la Légion d'honneur, 1857 ; médaille d'honneur, 1863 ; médaille d'honneur à l'Exposition Universelle, 1867 ; officier de la Légion d'honneur, 1867 ; médaille d'honneur, 1869 ; membre de l'Institut, depuis 1865.

Perraud est le seul artiste qui ait obtenu *trois fois la médaille d'honneur !*

La ville de Lons-le-Saunier a donné son

nom à une place qui se trouve devant le musée (1); un monument y sera élevé, il se composera d'un buste en bronze de Perraud (2),

---

(1) Place Perraud.

Nous, Maire de Lons-le-Saunier, vu les lois des 16-24 août 1790 et 18 juillet 1837, considérant que le Jura a toujours tenu à honorer la mémoire de ceux de ses enfants qui se sont distingués dans les armes, les sciences, les arts et les diverses branches de l'activité humaine et ont ajouté un nom de plus dans les annales de la nation française ;

Que la ville de Lons-le-Saunier, qui possède la plupart des œuvres de Perraud, a surtout l'obligation de perpétuer la mémoire du grand sculpteur. Que donner le nom de cet artiste à une place publique, sera poursuivre la pensée qui a inspiré l'ouverture d'un musée de ses œuvres ;

Que la place d'armes, où est situé ce musée, ne rappelle aucun souvenir qui nécessite de lui conserver cette dénomination ;

Arrêtons :

Art. 1er. La place d'armes prendra le nom de place Perraud.

Art. 2. Le présent arrêté sera mis à exécution, dès qu'il aura reçu l'approbation de l'autorité supérieure.

En Mairie, à Lons-le-Saunier, le 30 novembre 1876.

Signé : CAMILLE PROST.

Cet arrêté a été approuvé par décret du Président de la République, en date du 22 mars 1877.

(2) Par Max Claudet.

placé sur une colonne en marbre du Jura,
laquelle sera exécutée d'après le projet de notre
habile artiste, Achille Billot, qui l'a soumis à
l'ami de Perraud, M. Charles Garnier, le grand
architecte de l'Opéra.

MUSÉE

DE LA VILLE DE LONS-LE-SAUNIER

(JURA)

Je vais donner au lecteur le catalogue des œuvres de Perraud, que le musée de Lons-le-Saunier conserve pieusement, et que les amateurs et les artistes n'oublieront pas de venir visiter.

Le musée fut fondé, en 1818, par la *Société d'émulation du Jura*; il est devenu musée municipal en 1857, par une transaction passée entre la société et la ville de Lons-le-Saunier. Ce dépôt public est devenu important par les dons faits par le gouvernement, les artistes et des particuliers; de nombreux achats ajoutèrent encore à ces richesses. Aussi, grâce à la municipalité et au zèle du conservateur, M. Robert, le musée fut classé par le gouvernement, le 8 août 1872, *de seconde classe*.

Les salles de peinture contiennent de bonnes toiles de Luca Giordano, Bassan, A. Carrache,

Ribera, P. Breughel, Van der Meulen, Botls, Valentin, S. Bourdon, B. Vanloo, Fragonard, Géricault, Baudry, Lenepveu, Wether, de Curson, Escalier, Lobrichon, Oudry, Forest, Paget ; des gravures et des dessins de Gaillard, Pralon, Guméry, Bal, Bertinot, Hamon, Billot.

Les salles du rez-de-chaussée, où est installée la sculpture, renferment, indépendamment des œuvres de Perraud, des œuvres de Breton, Etex, Lebœuf, Gauthier, David d'Angers, Guillaume, Dumont, Chambard, Rosset, Hugenin, Moreau - Vauthier, P. Mazaros, Vernier, Cambos.

Le musée contient aussi de beaux échantillons d'histoire naturelle ; il est surtout riche en objets préhistoriques des époques celtique, gauloise, romaine et mérovingienne. Le plancher de l'une des salles est formé d'une grande et belle mosaïque, provenant des thermes gallo-romains découverts en 1827, au-dessous des salines de Montmorot et qui fut recueillie en 1867 par les soins de la ville ; la statue de Perraud, *le Faune*, est placée sur ce précieux monument.

CATALOGUE

DES

MODÈLES, STATUES, BUSTES, MÉDAILLONS, ESQUISSES

De JOSEPH PERRAUD

AU MUSÉE DE LONS-LE-SAUNIER

STATUES

Galathée, statue, marbre, don du Gouvernement, 1874.

L'Enfance de Bacchus, groupe,   Plâtre,
   (Médaille d'honneur, 1863-1867).

Sainte Madeleine, statue,   id.

Saint Sébastien,   id.   id.

Sainte Geneviève,   id.   id.

Orphée,   id.   id.
   (Médaille d'honneur, 1869).

Vénus à l'Amour, groupe,   id.

Le Jour,   id.   id.

Cariatides (deux), statue,   id.

Saint Denis,   id.   id.

BAS-RELIEFS

Les Adieux (fait à Rome)	Plâtre.
Le Drame lyrique, groupe de l'Opéra,	id.
Télémaque et Phalante, prix de Rome,	id.
Ulysse et Pénélope,	id.

BUSTES

Binet, artiste,	id.
Cler, le général,	id.
Dejoux, statuaire,	id.
Dumont, de l'Institut,	id.
Berlioz, id.	id.
D'Olivet, de l'Académie,	id.
Didot, Ambroise, éditeur,	id.
André, de l'Institut,	id.
Béranger, poète,	id.
Pasteur, de l'Institut,	id.
Schnetz, id.	id.
Beethoven, musicien,	id.
Delorme,	id.
Beulé, de l'Institut,	id.
Galibert, musicien, prix de Rome,	id.
Boiteau, homme de lettres,	id.
Claudet, Max, statuaire,	id.
Jouquey	Terre cuite.
La sainte Vierge,	Marbre.

Galathée,	Plâtre.
Adam,	id.

ESQUISSES ET RÉDUCTIONS

Oreste et Électre,	Plâtre
Mézence, blessé,	id.
Bugeaud, d'après Dumont,	id.
Mansard,	id.
Lalande,	id.
L'Architecture,	id.
Jésus parmi les docteurs,	id.
Hercule étouffant Cacus,	id.
Le Drame lyrique,	Terre cuite.
Le Faune,	Plâtre.
Les Adieux,	id.
Galatée,	Terre cuite.

MÉDAILLONS

Louis-Philippe,	Plâtre.
Vauthier, André,	id.
Carteron,	id.
Lord X...	id.
A. Lego,	Bronze.

Dole. — Imprimerie Bluzet-Guinier.

BIBLIOTHEQUE NATIONALE DE FRANCE

3 7502 00999612 7

www.ingramcontent.com/pod-product-compliance
Lightning Source LLC
Chambersburg PA
CBHW050006100426
42739CB00011B/2531